十牛図入門

「新しい自分」への道

横山紘一

GS 幻冬舎新書 078

まえがき

「十牛図《じゅうぎゅうず》」というのは、禅の入門図として、多くの人に親しまれてきたものです。

一言で説明すると、「牧人」が、逃げ出した「牛」を探し求め、飼い馴らし、やがて姿を消していく過程を十の図で表したもの。

「牧人」というのは「真の自己を探す者」、「牛」は「真の自己」を表しており、迷える自己が、十の段階を経て、真の自己を見つけていく過程を、図としたものです。

すなわち、「十牛図」をたどっていくことは、自分探しの過程をたどることとなるのです。

この「十牛図」は、「禅」の修行をしたい人だけでなく、自分探しができずに悩む現代人に、非常に深い示唆を与えてくれるものです。

私は、自分自身と向き合うことを徹底的に考える「唯識《ゆいしき》思想」を専門としているのですが、「十牛図」を唯識思想の観点からアプローチしたときに、真の自分に、より鋭く近づくことができ、つらいことの多い人生が生きやすくなると信じているのです。

自分が変われば、世界が変わります。自分自身が世界とどう向き合うかを変えるだけで、世界はもっと魅力的に輝きはじめます。

あなたの人生は、あなたの生き方次第です。

新しい自分を求めて、「十牛図」とともに「心の旅」をしましょう。

十牛図入門／目次

序章

いま、なぜ、「十牛図《じゅうぎゅうず》」が必要か。「十牛図」が現代に問いかけてくるもの

地球船ガイアの沈没――「生きる感動」がうすれゆく時代

先日、NHKで月周回衛星「かぐや」の特集があり、世界初のハイヴィジョン画質による、月面から見た「地球の出（Earth rise）」と「地球の入り（Earth set）」の映像が流されました。なんと幻想的で美しい風景であることか。まさに感動的な映像でした。

美しい青い地球。しかし、それは遠くから見た姿でしかありません。その美しいと思われる地球船ガイアは年々歳々、沈没の一途をたどっています。

いまや地球人には「生きる感動」がうすれ、「滅びゆく不安」が募りつつあります。

自然について見てみると、木材の伐採による環境破壊、二酸化炭素の放出による地球温暖化（気候変動）がもたらす洪水・砂漠化・饑饉《ききん》などの問題が多発しています。

また、人間の出来事について見ると、各地でイスラエル・パレスチナ紛争に代表される宗教対立や民族紛争が絶えません。戦争の二十世紀を終え、さあ、二十一世紀こそ、戦争なき平和な世紀にしようと夢と希望をもって今世紀をむかえて、はや八年。平和どころか、いま世界はテロと戦争とに怯えています。

日本に目を向けてみましょう。路上での無差別な殺傷、子による親殺し、親による幼児への虐待、学校での陰湿ないじめ、さらには産業界・経済界・官界・政界にまたがる不正行為、経済の停滞による倒産、そして自殺者が二〇〇七年で九年連続三万人を超したばかりか、若者の安易な集団自殺、などなど、どれ一つとっても暗いニュースばかりです。日本という船もまさに沈没の一途をたどっています。

とにかく、世界全体が奈落の底に向かって恐ろしいまでの勢いで落下しつつあると言っても過言ではないでしょう。

このような切実な諸問題に直面して、不安の中に生きる現代人が、生きる情熱と感動と喜びをふたたび取り戻すためには、どうすればよいのでしょうか。

もちろん、そのためには、社会・経済・政治などの多角的視野からの取り組みが必要です。しかし、それら諸問題を引き起こす人間各人が、意識を改革し価値観を転換することが最も肝要です。

「世界」のとらえ方は二つあります。一つは「世界には諸問題が多発する」「世界の自然が破壊される」などの言い方をされるときの〝世界〟。

もう一つは、他人が決してその中に入ることができない、己のみが背負っている「世界」（のちに述べることになりますが「一人一宇宙」の世界）です。

前者の〝世界〟の諸問題を解決するには、まず、後者の「世界」の意識改革と価値観の転換が求められるのです。そのために、「十牛図《じゅうぎゅうず》」が大きな助けとなるものと私は強く確信しています。

人生の三大目的。「自己究明」と「生死解決」と「他者救済」

「十牛図」とは、逃げ出した牛を探し求める牧人が、「牛」すなわち「真の自己」を究明する禅の修行によって高まりゆく心境を、譬喩《ひゆ》的に十段階で示したものです。

本章で徐々に明らかにしていきますが、「自己究明」と「生死《しょうじ》解決」と「他者救済」の三つこそが人生の三大目的です。そしてそれらの目的に向かってどのように生きていけばよいのかは、「十牛図」に登場する牧人の生き方から学ぶことができます。これを学ぶことによって、自分の個人的問題だけではなく、社会的問題をも解決しようという情熱が湧いてきます。

いま、「十牛図」から学ぶ人生の三大目的は「自己究明」と「生死解決」と「他者救済」であるといいました。さっそく、この三つについて、現代的な問題をも織り込みながら、考えてみましょう。

「自分探し」の時代——自分は何者なのか？

まず一つめの「自己究明」について。

現代は「自分探し」の時代であるとよくいわれます。なぜ、そんな時代になったのでしょうか。

たしかに、個人や個性を尊重することは、なににもまして大切なことです。しかし、現代では、その個々人が、「自らの個がどのようなものであるか」「個の内実が一体なにか」を知ることなく、外から「個人だ、個性だ」と言葉のみで押し付けられ、言葉のみがひとり歩きをしてしまっているのです。

「個」をわかりやすくするために、「自分」という言葉に置き換えてみましょう。「人間はいかに生きるか」、もっと厳密にいうと、「自分はいかに生きるか」という問題を解決するためには、当然のことですが、まずもって人生の主人公である「自分」が一体なにであるかを解決しなければなりません。

この、当然かつ重要な問題を解決することなしに、戦後の世の中をただがむしゃらに働きつづけてきたのが、「団塊の世代」と呼ばれる人たちです。その反省からなのでしょうか、彼らの世代には、静かに坐って自分を見つめてみようと、自分探しの禅の修行に飛び込む人が多く見られます。

生きる目的を喪失した若者たち

団塊の世代の人たちの生き方には、たしかに問題があったかもしれません。しかし、彼らは自分をふるいたたせて、とにかくこれまで頑張って生きてきました。

これに対して現代の若者はどうでしょうか。現代の若者には多くの問題が生じています。例えば、ニートやひきこもりが年々増加しています。

もちろん、これらの問題は、現代の日本社会の構造やありように起因するところも大きいのですが、現代の若者たちは、「人生、一体なにを目的としたらよいか、なんのために生きるのか」という目的を見出すことができなくなっています。いや、目的を探そうとすることを、最初から放棄してしまっているようにも思えます。

これは、実は、つきつめれば、親や教師の責任です。

人生の目的とは、まずは、自分探し、自己究明から始まるということを、親たち自身、教師たち自身が忘れてしまっている。そのため、子育ての場である家庭や、教育の場である学校において、人生について教えることができなくなっています。

現代の若者には、この他にも、いじめ、集団自殺、安易な殺傷、等々の問題もあります。これらの問題を解決するために、教育の現場でも「いのちの大切さ」を教えていこう、とよく叫ばれます。

しかし、私はそれ以前に、若者たちそれぞれが「いのちの不思議さ」を知り、そして、自分の「個としてのいのち」は、動植物をも含めたすべての「普遍的ないのち」とつながっているんだ、ということを自覚しなければならないと思います。

広くいえば、「個」を通して「普遍」を知ること、これこそが、人生の三つの目的の第一段階にあたる「自己究明」の内容だといえるのではないでしょうか。

とにかく、人生の目的は「自己究明」と「生死解決」と「他者救済」であると気づいてほしい。それにはまず、自己究明のために、自分探しの旅（＝牛探しの旅）に出かけた牧人の情熱的な姿を若者に見てもらいたいと、私は、「十牛図」の宣揚に努めています。

自分の死を解決する——宮澤賢治の「雨ニモマケズ」に学ぶ

人生の目的、二つめの「生死解決」について。

現代的な問題の一つに、終末ケア、終末看護があります。このような問題が生じた背景には、医療技術、延命技術の急速な発達によって寿命が延びたという現状があります。この終末ケア、終末看護という問題について、多方面から探られ実践されています。宗教界においても、キリスト教が積極的に終末ケアに取り組んでいますし、仏教界でもビハーラ（仏教理念に基づく終末ケアの施設）などの運動が展開されています。

もちろんこうした運動は大切ですが、やはり肝心なことは、個々人が「自分の死」を自らで解決することではないでしょうか。しかし、これは私たち凡夫《ぼんぷ》にはまことに難しい。

二千数百年前、シャカ族の王子の地位を捨てて出家した釈尊《しゃくそん》も、六年間の修行の末に自分の死を解決できました。ちなみに、「十牛図」の牧人は、第七図「忘牛存人《ぼうぎゅうそんにん》」で、やっと自分の死を解決する段階に至ります。

釈尊も牧人も、もとは私たちと同じく迷える凡夫だったのです。その凡夫が、精進《しょうじん》してその段階（「十牛図」でいえば第七図）にまで到着した、ということが、大切なことなのです。

詳しくは第七図のところで説明しますが、第七図の段階では、牧人は、例えば「もう末期がんですよ、余命いくばくもありませんよ」と告知されても、のんびりとうたた寝をしているような状態です。

静かにまどろむ第七図の牧人の姿、それに沈思黙考してみましょう。できれば、自分もあの牧人のような心境になりたい、と思うのは私一人ではないでしょう。

自分の死を解決するのは、自分のためだけではありません。

あの宮澤賢治の「雨ニモマケズ」の次の有名なフレーズに耳を傾けてみましょう。

東ニ病氣ノコドモアレバ
行ツテ看病シテヤリ
西ニツカレタ母アレバ
行ツテソノ稲ノ束ヲ負ヒ
南ニ死ニサウナ人アレバ
行ツテコハガラナクテモイヽトイヒ
北ニケンクワヤソシヨウガアレバ
ツマラナイカラヤメロトイヒ

これは、実存的苦でもある生・老・病・死の四つの苦しみから他者を救済したいという願いを歌った箇所です。

このうちの「南ニ死ニサウナ人アレバ　行ツテコハガラナクテモイヽトイヒ」は、死への恐怖をなくしてあげようという願いを表明したものです。死にゆく人の側にいて「恐がらなくていいよ」という言葉は、自分自身の死を自らが解決していなければ言えません。「自己究明」と「生死解決」は、最終的には「他者救済」に至る途中の越えるべき関門であるのです。

といっても、自分の死を解決するなんて、簡単にできることではありません。でも、たとえ自分の死を解決していなくても、他者の死を自分の死と受けとめて「生きるとはなにか、死ぬとはなにか」を、死にゆく人とともに考えてみようという意識をもつことが、「生死解決」を理解するための最短路だと私は思います。

「人のために生きる」ことで、自分が軽くなる不思議

最後に人生の目的、三つめの「他者救済」について。

よく、「他人を救うなんて、おそれ多いことだ」という言葉を耳にします。たしかに他

者救済という表現には問題があるかもしれません。

では、その言葉の代わりに「慈悲行《じひぎょう》」という言葉で言い換えてみるとどうでしょうか。「慈」とは「楽を与えること」、「悲」とは「苦を抜くこと」と定義されます。この定義にしたがえば、他者を救うとは「苦を抜き、楽を与える」ということになります。ここで前述した「雨ニモマケズ」の詩にもどってみましょう。

「東ニ病氣ノコドモアレバ 行ツテ看病シテヤリ」は病苦、「西ニツカレタ母アレバ 行ツテソノ稲ノ束ヲ負ヒ」は老苦、「南ニ死ニサウナ人アレバ 行ツテコハガラナクテモイヽトイヒ」は死苦、「北ニケンクワヤソシヨウガアレバ ツマラナイカラヤメロトイヒ」は生苦を、それぞれ抜くことです。

もちろん、これらすべての苦から他者を解放することが理想ですが、そのうちの一つでもいい、それを実際に解放できれば素晴らしいことです。

ひきこもりの若者が、老人ホームなどでお年寄りの世話をすることをきっかけに、社会の中で生きることの大切さに目覚めることがあります。それは、「人びとと ともに幸福に生きたい」という願い、人間であるかぎりだれしもが心の奥底に秘めている願いを、小さなかたちであれ、実現できたという喜びがあるからではないでしょうか。

無理をしてでも、「自分などどうでもいい。人のために生きるぞ」と自分自身の心の底にまで言い聞かせてみてください。そしてその言葉どおりに生きてみましょう。すると自分が軽くなっていくことに気づくはずです。

自分のため〝だけ〟の行為は、自分にはねかえってきて、自分をますます重くしていきます。そうではなくて、「この与えられた生のエネルギーを、他者のために使いつくしていくぞ」という誓願のもと、一日一日を生きていくのです。すると、やがて気がついてみれば、他者もそして自分も幸せになっていることに気づきます。

「十牛図」の第十図には、布袋《ほてい》さんのような笑顔が出てきます。他者にほほえみかける人間になろうではないか、と「十牛図」は語りかけてくるわけです。第十図を理解できると、自然にほほえみが湧いてきます。それは他者をも幸せにし、自分をも幸せにしてくれるほほえみなのです。

「他者救済」「他人とともども幸せに生きる」ことが、人生の最終目的であると語りかけてくる「十牛図」は、個人主義をとりちがえて「他者を排除する個人中心主義」という病に冒された現代人にとって、必ずや薬となるでしょう。

「十牛図」から人生を学べ

「十牛図」が絵に画《か》いた餅であっては意味がありません。あなたができることは、「十牛図」を前にして牧人になりきって、沈思黙考することです。必ずや牧人の情熱が、勇気が、感動が、喜びが、安らぎが、あなたの中に流れ込んできて、悩みを解決する道を切りひらいてくれるでしょう。

「十牛図」から学ぶこととして、大きく「自己究明」「生死解決」「他者救済」の三つをあげましたが、細かくは次のようなことも「十牛図」から学ぶことができます（以下、「自分探しの旅」ということで、あえて「自分」という言葉を使ってみました）。

①自分とは何かと追求・探究する情熱を学ぶ（第一図「尋牛《じんぎゅう》」・第二図「見跡《けんせき》」）。

②「偽りの自分」が次第に薄れて、「新しい自分」「真の自分」がますますはっきりとあらわれてくる喜びを学ぶ（第三図「見牛《けんぎゅう》」・第四図「得牛《とくぎゅう》」）。

③自分を励まし、社会の中で他者のために生きる意義を学ぶ（第五図「牧牛《ぼくぎゅう》」）。

④自分の中に、もうこれで大丈夫だと満足するものがあることを学ぶ（第六図「騎《き》牛《ぎゅう》帰《き》家《け》」）。

⑤ 自分の死への恐怖をなくすことができることを学ぶ（第七図「忘牛存人《ぼうぎゅうそんにん》」）。
⑥ 自分を空《くう》じきった心境の素晴らしさを学ぶ（第八図「人牛倶忘《にんぎゅうくぼう》」）。
⑦ 自分と他者とを平等視して、他者の幸福のために生きることの素晴らしさを学ぶ（第九図「返本還源《へんぽんげんげん》」・第十図「入鄽垂手《にってんすいしゅ》」）。

「十牛図」とは

あらためて、「十牛図」について詳しく説明しましょう。

くり返しになりますが、「十牛図」とは、逃げ出した牛を探し求める牧人を喩《たと》えとして、「牛」すなわち「真の自己」を究明する禅の修行によって高まりゆく心境を、比喩的に十段階で示したものです。

中国・北宋時代の廓庵禅師《かくあんぜんじ》の創案といわれ、日本においては、むかしから現代に至るまで、禅を学ぶ絶好の入門図として重要視されてきました。しかしこの図は禅宗だけが専有すべきものではありません。人生のさまざまな重要な問題を提起し、それに答えてくれる絶好の人生の指南図でもあるからです。

まず「尋牛」から「入鄽垂手」までの十の図を物語風に説明してみましょう。

第一図 尋牛（じんぎゅう）

ある日、飼っている一頭の牛が牛小屋から逃げ出したことに気づいた牧人は、野を歩き、川を渡り、山を越えて、その牛を探し求めています。ただ一人で……（彼は「自己究明」の旅に出かけたのです）。

第二図 見跡（けんせき）

「もう牛は見つからない」とあきらめていた牧人が、ふと前方に目を落とすと、そこに牛の足跡らしきものを発見しました。「ああ、牛は向こうにいるぞ」と牧人は喜んでその足跡をたどって駆け寄っていきます。

第三図 見牛（けんぎゅう）

牧人は、とうとう探し求めている牛を発見しました。牛は前方の岩の向こうに尻尾を出して隠れています。牛が驚いて逃げ出さないように、牧人は足をしのばせて牛に近づいていきます。

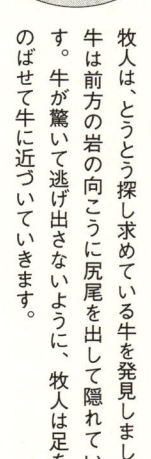

第四図　得牛（とくぎゅう）

牛に近づいた牧人は持ってきた綱でついに牛を捕らえました。ふたたび逃げ出そうとする牛を、牧人は渾身の力をふりしぼって自分の方に引き寄せようとして、牛との格闘がはじまりました。

第五図　牧牛（ぼくぎゅう）

牧人は暴れる牛を綱と鞭《むち》とで徐々に手なずけていきます。牛はとうとう牧人の根気強さに負けておとなしくなりました。もう牛は二度と暴れることも逃げ出すこともありません。

第六図　騎牛帰家（きぎゅうきけ）

牧人はおとなしくなった牛に乗って家路につきました。牛の堂々とした暖かい背中を感じつつ、楽しげに横笛を吹きながら……。

第七図　忘牛存人（ぼうぎゅうそんにん）

とうとう牧人は自分の庵《いおり》に帰り着きました。牛を牛小屋に入れてほっとした牧人は、庵の前でのんびりとうたた寝をしています。静寂の中、安堵の気持ちにひたりながら……（牧人は「生死解決」をほとんど成し遂げたのです）。

第八図　人牛俱忘（にんぎゅうくぼう）

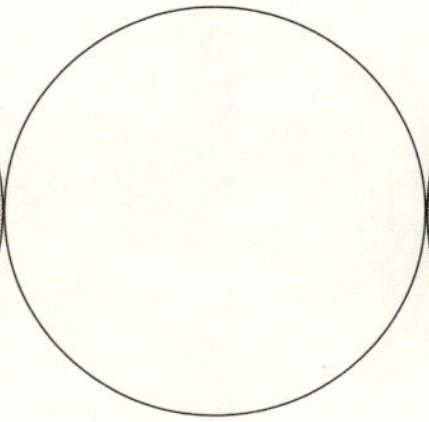

うたた寝をしていた牧人が突然いなくなりました。あるのは、ただ空白だけ。牧人になにが起こったのでしょうか。

第九図　返本還源（へんぽんげんげん）

空《くう》の世界からふたたび自然がもどってきました。牧人の中に根本的な変革が起こったのです。牧人は自然のようにすべてを平等視して生きることができるようになりました。

第十図　入廛垂手（にってんすいしゅ）

牧人はふたたび人間の世界に立ち帰りました。人びとが行き交う町の中に入った彼は、一人の迷える童子《わらべ》に手を差し伸べています（牧人はとうとう「他者救済」という彼が目指す最高の境地に至ったのです）。

牛は「真の自分」、牧人は「真の自分を追い求める自分」

「十牛図」は、このように「牧人」と「牛」とを登場させて描かれた物語を、十枚の図にしたものです。これはあくまで比喩的に描いた物語ですが、「牧人」と「牛」が意味する具体的な事柄は一体なんでしょうか。

この問いに対して、いろいろな表現で答えることができるでしょう。が、私は、ここでは、牛とは「真の自分」、牧人とは「真の自分を追い求める自分」といっておきます。

したがって「牧人が牛を追う」とは、すなわち「自分が自分を追い求める」と簡潔にいうことができます。

このうち前者の〝自分〟は迷い苦しむ自己、後者の「自分」は悟り、苦から解脱した自己です。

「十牛図」は、第一図から第八図までは、〝追い求める自分〟(＝牧人)が「追い求められる自分」(＝牛)を探し求める旅に出掛け(尋牛・見跡)、「自分」を発見し(見牛)、次第に「自分」に近づき(得牛・牧牛・騎牛帰家)、とうとう一体となって(忘牛存人)、最後には〝追い求める自分〟と「追い求められる自分」との両者が融解して消え去る(人牛俱忘)――という過程です。そして第九図(返本還源)と第十図(入鄽垂手)は、第八図を通過した人の具体的なありようとはたらきとを喩えたものであるといえるでしょう。

なお、牛とは「真の自分」である、といいましたが、「追い求められる自分」が現れてくる、その現れ方の度合いに応じて、「新しい自分」(見牛から騎牛帰家までの牛)と、「真の自分」(忘牛存人の自分)と、「ゼロの自分」(人牛俱忘の自分)とに分けてみました。詳しくは各章を参照してください。

唯識思想で「十牛図」を読もう

本書では、「十牛図」を解説するにあたり、私が専門とする唯識《ゆいしき》思想(紀元三、四世紀ごろにインドに興《おこ》った大乗仏教）を随時参考にします。

その理由は、唯識思想は、ヨーガ（瑜伽《ゆが》と音写。禅・禅定《ぜんじょう》もヨーガの一種）を重視した人びとによって打ち立てられた実践的な思想であるからです。

また、「唯《た》だ識《しき》のみが存在する（＝ただ心だけがある）」という存在観を前提として、ヨーガの実践を通し、自分の心を浄化して迷いから悟りに至ろうとする唯識思想の教理が、禅を通して深まりゆく「十牛図」の牧人の心境を解釈する際に、非常に参考になるからです。

唯識思想は、開祖は弥勒《みろく》といわれ、無著《むじゃく》と世親《せしん》という兄弟によって組織体系化されました。この思想はのちに玄奘《げんじょう》によって中国にもたらされ、弟子の慈恩大師・基《き》が、この思想に基づいて法相宗《ほっそう》を創立し、中国仏教に新しい息吹をふきこみました。

その後、法相宗は奈良時代に日本に伝えられ、法相宗の大本山である奈良の興福寺を中心に修学されました。しかし、唯識思想は、単に法相宗だけのものではなく、現代に至るまで脈々と学びつづけられてきた仏教の根本学です。

この唯識思想の特徴を簡単に説明してみます。

①唯識無境

〝唯《た》だ識《しき》〟のみで境《きょう》はない。すなわち、外界には「もの」（＝境）はなく、ただ「識」だけが存在する。「もの」には、「自分とはこれこれである」と対象化された〝自分〟からはじまって、身のまわりの事物、山川草木の自然、さらには、広大な宇宙などが含まれる。総じていえば、「言葉で語られ、存在すると考えられたもの」をいう。

②人々唯識（一人一宇宙）

一人ひとりの世界は、〝唯だ識〟の世界であり、根本心である阿頼耶識《あらやしき》から生じた宇宙であり、各人はその中に閉じ込めて、その外に抜け出ることはできない。すなわち、一人ひとりの世界は、「一人一宇宙」である。

③八識

識には、表層心の「眼識《げんしき》」「耳識《にしき》」「鼻識《びしき》」「舌識《ぜつしき》」「身識《しんしき》」「意識《いしき》」の六つと、深層心の「末那識《まなしき》」「阿頼耶識」の二つ、――合計八つの識がある。このうち、「眼識」「耳識」「鼻識」「舌識」「身識」は、視覚・聴覚・臭覚・味覚・触覚の五感覚。「意識」は言葉を用いた概念的思考を担う心。「末那識」は深層にはたらく自我執着心。「阿頼耶識」は一人一宇宙の世界の中のすべての存在を生じる根本心をいう。

④阿頼耶識縁起《あらやしきえんぎ》

表層心と深層心とは、相互に原因と結果の関係にある。例えば、「憎しみ」を表層心に起こせば、それが原因となって、深層心である阿頼耶識に結果として種子《しゅうじ》を植えつける。そして、阿頼耶識の中に潜在していた種子が原因となって、再び、表層心に「憎しみ」を結果として生じる。

また、表層心が無分別智（主観・客観とが分かれていない真実の知慧《ちえ》）のありようになれば、それが原因となって、結果として、阿頼耶識の中にある煩悩の種子を焼尽する。

⑤ヨーガ

ヨーガ（yoga 瑜伽《ゆが》と音写）とは、すべての「もの」を心の中に還元して、その「もの」の本質・真相を観察し思考する実践をいう。禅、坐禅、禅宗、禅定などという語の中で用いられる禅（パーリ語 jhāna の音写である禅那を縮めたもの。jhāna はサン

◇八識とは

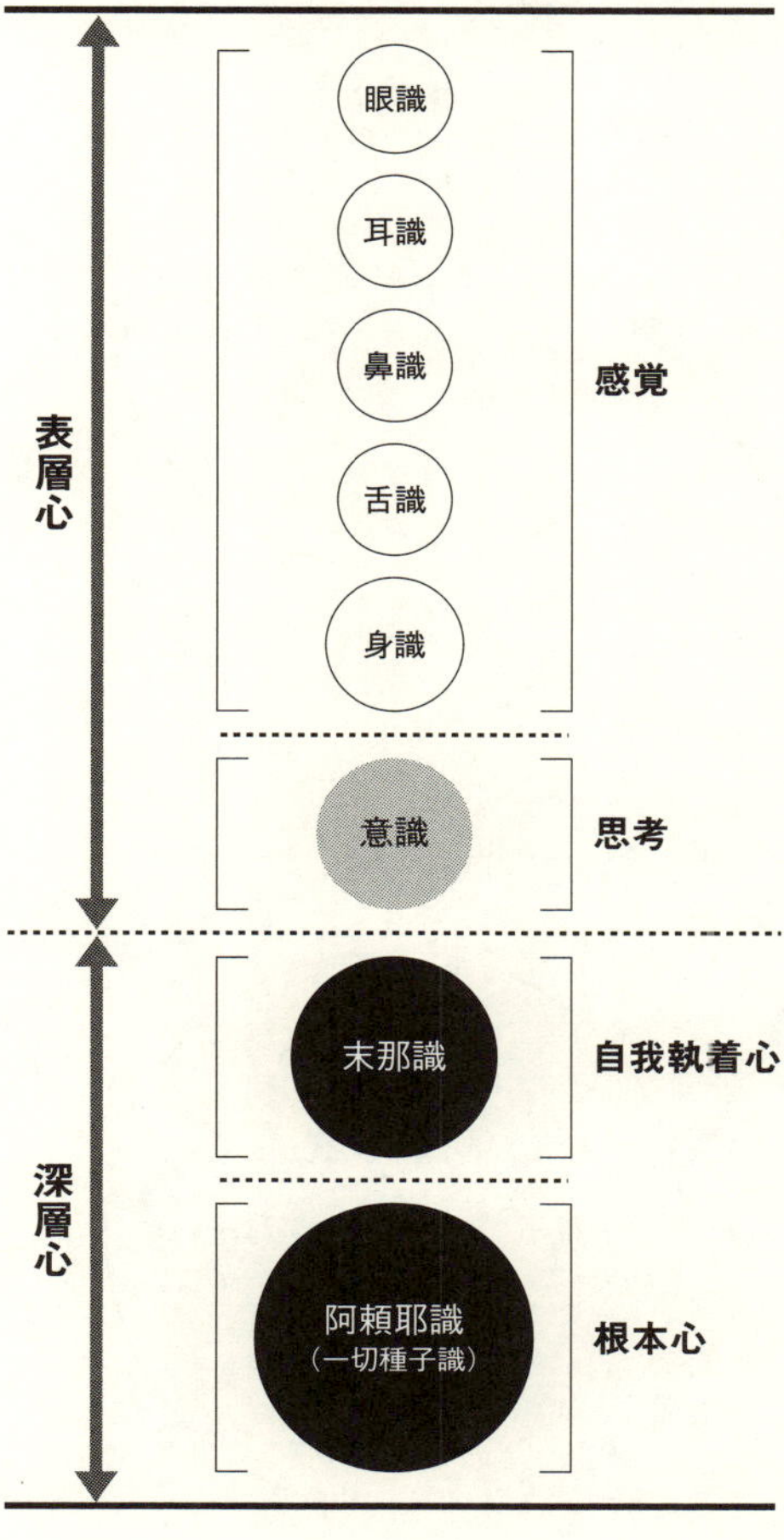

◎阿頼耶識縁起（あらやしきえんぎ）とは

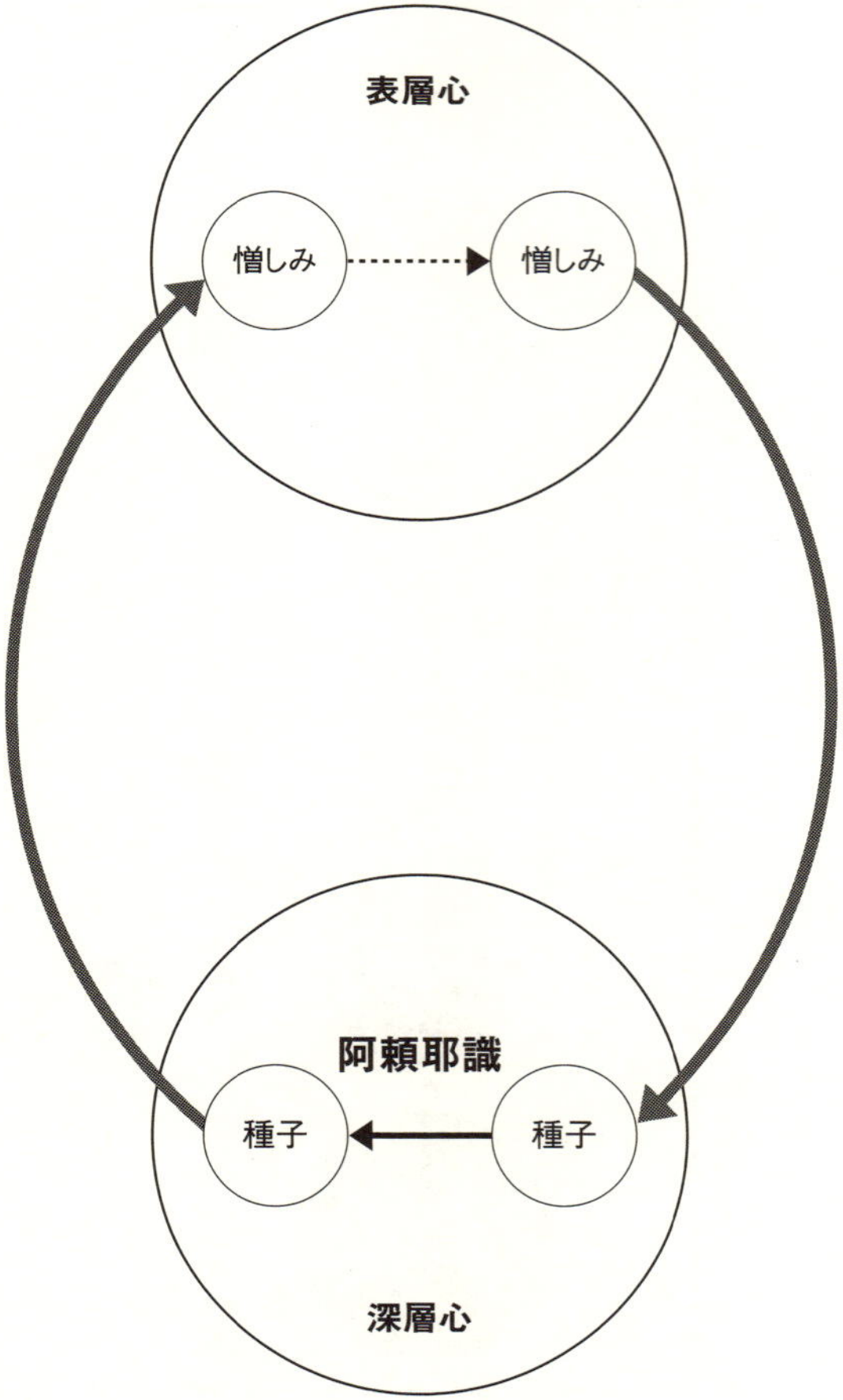

スクリット語で dhyāna という。静慮と意訳される）も、ヨーガの一つである。唯識思想を打ち立てた人びとが属する派が「唯識瑜伽行派」と呼ばれるように、彼らは特にヨーガの実践を重要視し、その結果、「唯識」「唯識無境」「八識」「阿頼耶識縁起」などの新しい教理を提唱した。

以上の特徴的な教理を随時参考にしながら牧人の心境の深まりを解明していきます。

「観想十牛図」

「十牛図」は絵に画いた餅であっては意味がありません。それを前にして沈思黙考し観想すると、初めて、この図は多くのことを語りかけてくるのです。

そこで、「十牛図」に観想という語を付した「観想十牛図」というものを、私の発案・監修のもと、画人・増野充洋氏に十年の歳月をかけて作成してもらいました。

この「観想十牛図」（39ページ参照）は、今まで独立して描かれていた十の図を大きな一円相に収め、深奥な禅の世界を一幅の中に描き出したものです。これにより、従来の「十牛図」とは異なり、ひと目で全体の構成を見渡すことが可能となり、各図の位置付けや一連の流れも容易に理解できるようになっています。

従来の「十牛図」と異なるもう一つの点は、従来の第八図「人牛倶忘」は「空《くう》一円相」といわれ、丸い円で描かれていますが、この「観想十牛図」では「空一円相」の円形を消し去り、まったくの空白としました。それは、空の象徴としての円相はあくまで象徴であって空の実相ではありませんから、円相へのこだわりから離れるためです。

なお、本書に描かれた「十牛図」の各図はこの「観想十牛図」から引用したものです。ただし、第八図「人牛倶忘」は、従来の丸い円相である「空一円相」を用いました。

観想十牛図

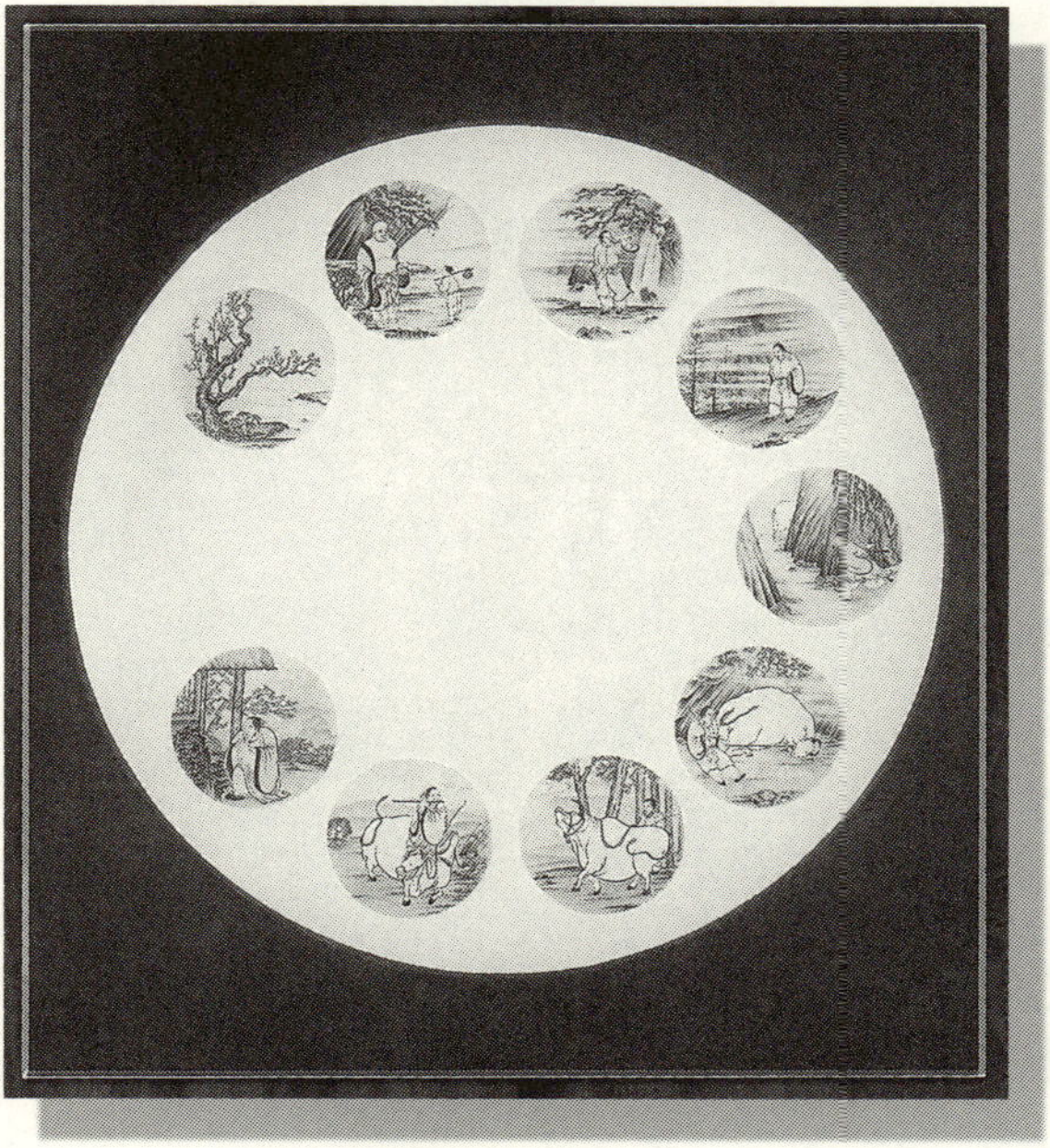

発案―横山紘一
制作―増野充洋

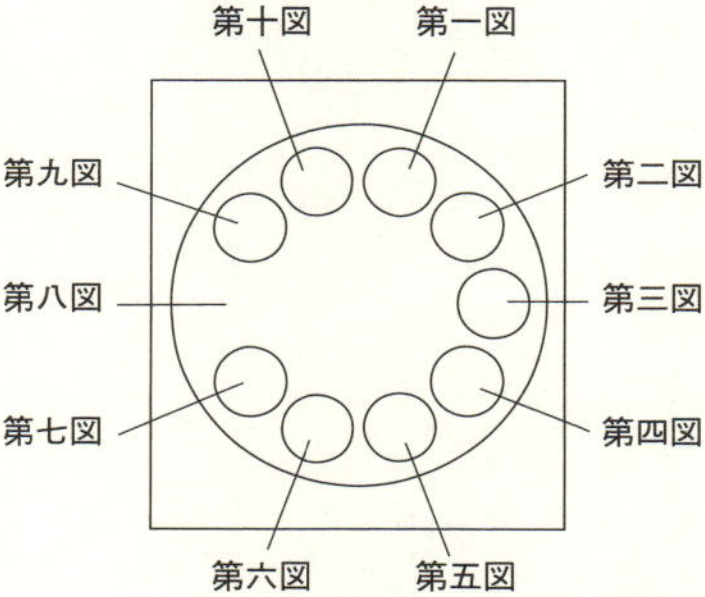

第一章　牛を尋ね探す（尋牛《じんぎゅう》）

第一図

「尋牛《じんぎゅう》」

ある日、飼っている一頭の牛が牛小屋から逃げ出したことに気づいた牧人は、野を歩き、川を渡り、山を越えて、その牛を探し求めています。ただ一人で……。

第一図「尋牛《じんぎゅう》」における問い

牛が逃げているとは
どういうことか。
なぜ牛を探さなければ
ならないのか。

まず、「一人一宇宙」であることを理解する

私たちが住んでいる宇宙は一つなのでしょうか。

そうではありません。百人いれば、百の宇宙があり、各人、それぞれの宇宙に住んでいるのです。

例えば、二人で赤色を見るとします。そのとき「あなたの見ている赤と、私が見ている赤とは、色が同じではなく違うのではないか」と問い合うことがあります。これはだれしもが一度ならず経験したことでしょう。

なぜそのように尋ね合うのでしょうか。

それは、他人の世界と自分の世界とは存在的にまったく別々のものであるからです。それなのに、私たちはそれを忘れて、同一の宇宙に、三次元の空間にともども住んでいると思い込んでいるのです。でも、他人と自分が別々の宇宙に住んでいると気づいたときに、いま述べたような、お互いが見ている赤の色は違うのではないか、という疑問が生じてくるのです。

このように、各人が別々の宇宙に住んでいることを、「一人一宇宙《ひとりひとうちゅう》」という言葉で表現

したいと思います。

本当に、一人ひとりが別々の宇宙に住んでいます。もっと強く表現すれば、閉じ込められています。だれ一人、その宇宙から抜け出ることはできません。

一人一宇宙であることは、次のことからも確認できます。満員電車のなかで、だれかの財布が盗まれた。それに気づいて、「どろぼーっ」と叫んだとします。すると車内の一人だけが、つまり泥棒だけがビクッとし、他の人たちは平然としています。泥棒は他の人たちと違う宇宙に住んでいるからです。

高い山に登り、美しい星々が輝く天空を眺めると、実に気持ちがいいものです。そのとき、素朴に、その天空は自分の外に無限に広がっていると考えますが、実はその天空もまた、心の内の影像（唯識思想では「映像」を「影像」といいますから、以下、影像と表現します）です。

一歩譲って、「外界は存在する」という外界実在論者の主張を受け入れましょう。でも、さきほどの赤色と同じく、各人が具体的に見ている天空は、広大な一人一宇宙の内にある影像です。

その影像が描き出されている、いわば〝キャンバス〟を、唯識思想は「識」と名づけるのです。

とにかく、一人一宇宙であるという事実をしっかり確認した上で、これからはじまる牛探しの旅に出かけましょう。牧人を自分に見立てて、ともに歩いていきましょう。

包丁は、包丁自身を切ることができない

第一図において、牛が逃げているとは、具体的にはどういうことかを考えてみましょう。結論からいうと、牛が逃げているとは、「牧人がなにも知っていない、すなわち無知である」ことを喩えていると解釈します。

牧人から、私たちのことに、話を具体的に移して考えてみましょう。

私たちは、大袈裟にいえば、なに一つ知らない無知な存在です。否《いな》、大袈裟ではありません。私たちは、まったく無知であるといっても過言ではありません。

こう言われると、「現代人は、多くの事柄について驚くべき知識を獲得したではないか」と、次のように反論する人が大勢いることでしょう。

「宇宙探査船によって、月からはじまって、木星・金星・土星などの惑星、さらには太陽系外の星々を知ることができた。そして、すばる望遠鏡のおかげで宇宙の究極のはてに近

い百四十億光年先の映像を知ることができたではないか」

「生命を創造し維持する遺伝子・DNAの研究が進み、人間のゲノムのすべてが解明されたではないか」

「つい最近ではあるが、京都大再生医科学研究所が、皮膚の細胞から、さまざまな臓器や組織に育つ能力を秘めた新たな万能細胞の作製に成功したではないか」……等々、もう枚挙にいとまがありません。

たしかにそのとおりです。しかしこれらは、すべて、現代の発達した科学技術によって獲得された「情報」としての知識です。ところが、その科学技術を発達させ、さまざまな情報を獲得した人間の中――もっと正確にいえば、個々人の中、一人一宇宙の中――には、知りえていないものが無数にあります。

例えば、〝自分〟が見る、聞く、覚《かく》す、知る、といいますが、指は指自身をさすことができないように、あるいは、包丁は包丁自身を切ることができないように、見つつある、聞きつつある、覚しつつある、知りつつある「自分」を、見ることも、知ることもできないのです。

「自分」をまったく知らないで、「〝自分〟が見る、ないし、〝自分〟が知る」といっても、それは、まったくの虚言になってしまうということです。

では、見つつある「自分」、ないし知りつつある「自分」とは、どういう自分なのでしょうか。牧人は、まずはそれを知ろうと牛探しの旅に出かけたのです。

「遺伝子」よりも「このいのち」

もう一つ、この、一人一宇宙の中で知らないものがあります。それは、「いのち」です。

私は、大学時代、最初は農学部の水産学科で魚の血液の研究に取り組んでいました。自然科学者の研究は、まず世界のレベルまで達し、そこからさらに、新しい発見をしていかなければ意味がないという厳しいものですから、それまでの全部の文献を読み、すべての実験方法を知った上で、新しい実験を行っていくのです。私も、毎朝八時から夜八時まで研究に没頭しました。

人間ががんになると増える、ヘモグロビンの一種に、ハプトグロビンというものがありますが、それが魚にもあるかどうかを調べるというのが、私の研究テーマでした。教授と二人で世界初のそういった研究をしました。

その結果、驚くことに、二十種の魚の血液すべてから、人間の中にあるハプトグロビンが見つかったのです。私は、そのときに、魚のいのちも人間のいのちも同じであることを知って感動しました。

しかし、そのうち、その研究に疑問と虚しさを覚えるようになりました。私のやっている研究は、「いのち」というものを対象として観察し研究しているにすぎない。それは喩えてみれば、鏡の中の鏡像を研究しているにすぎない。鏡像ではなく鏡の本体そのものを、すなわち、「このいのち」を研究したい、と思うようになりました。

その思いが募り募って、ある日、「よーし、明日決行だ」と、手が自然に動いて日記に書いたとたんに、水産学科から文学部印度哲学科への転部の決意がかたまり、翌日から転部への手続きをはじめました。印度哲学科に移ってからは、仏教、とりわけ唯識思想を研究し、同時に禅の修行に参じました。

私は、道元《どうげん》禅師の次の言葉が好きです。

「須《すべか》らく尋言逐語《じんごんちくご》の解行《げぎょう》を休むべし。回光返照《えこうへんしょう》の退歩を学ぶべし」
（『普勧坐禅儀《ふかんざぜんぎ》』）

「言葉を用い知性をはたらかせて追求することをしばらく止めて、光を内にめぐらし照らしてみなさい」という戒めです。

私たちは、感覚の鮮明さと、言葉を自由に駆使できる能力とに負けて、外界の対象に心が流散して、それを概念的にとらえてしまいがちです。

しかし、ときには、意識のスポットを心の内部にむけて照らしてみましょう。そこには言葉でも情報でも記号でも表すことができない「いのち」が存在していることに気づきます。

もちろん、遺伝子やゲノムに還元して〝いのち〟ととらえることも、広く「いのちとは一体なにか」と追求する過程においては大切です。例えば、人間とチンパンジーとのゲノムの違いは、なんと1・23％しかないそうですし、お米の粒のゲノムは、これもなんと40％が人間と同じだそうです。この数字によって、情報としてですが、いのちの普遍性を知ることができます。

しかし、いつも忘れてはならないことは、「人々唯識、一人一宇宙の中でのこのいのちは一体なにか」という問いかけです。

あえて言うならば、遺伝子の研究者たちも、まずは、この問いかけを自らに投げかけてみることの方が、遺伝子を研究することよりも大切ではないでしょうか。

「自分は存在する」というのは、ただの思い込みだ

次に、前述したように、見つつある自分を知らないのに「自分が見る」と判断することについて、もう少し詳しく検討してみましょう。

私たちは、事実を事実と知らずに、事実に反してそうであると思い込んでいるから、迷い、苦しみ、ときには罪をも犯してしまうことになります。

思い込みほど恐ろしいことはありません。

例えば、そこの道端に「蛇がいる!」と思ってぞっとする。でもよくよく観察すると、それは縄であったと気づき、ほっとする。蛇の嫌いな人にはよく起こる見まちがい、思い込みです。

でもこのようなことは、たいしたことではありません。

私たちが、迷い、苦しみ、ときには罪をも犯してしまうことにもなる思い込みは、実は

「自分は存在する」

という思い込みです。

「自分は存在しない」と言われたら、そんな馬鹿な、と反論し、ときには怒る人もいるか

もしれません。しかし、ここで、まず、次の問答を読んで、そして静かに考えてみてください。

まず、相手に「その手を見てください。その手はだれの手ですか」と尋ねると、その人は必ず「自分の手です」と答えます。

そこで私は、「手はたしかに眼でその存在を確認できますが、〝自分〟という言葉に対応する〝もの〟を静かに探してみてください。見つかりますか」と質問します（言葉、特に名詞には必ずそれに対応する「もの」がありますから）。

すると相手はしばらく考えるのですが、答えは返ってきません。なぜなら、いくら探しても見つからないからです。

私は、すでに多くの人とこの問答を行ったのですが、「自分」という言葉が指し示す「もの」を発見した人はだれ一人いません。なぜなら、もともと「自分」という「もの」は存在しなく、「自分」という言葉の響きがあるだけなのですから。存在するのはただ「手」だけなのですから。

「その手を見てください。その手はだれの手ですか」――もう一度、この問答を読み、静かに心を落ち着け、心の中に住して観察してみてください。すると、〝自分〟という言葉があるだけだ、と気づくでしょう。

実はこの「静かに心を落ち着けて心の中に住して観察する」ということが、禅を組むこと、広くいえば、ヨーガを修することなのです。

禅とは「静かに考える心」

ヨーガとはインドで起こった修行方法です。修行といっても、高く飛び上がることができる、などの超能力を身につけるためのものではありません。ヨーガとは物事を静かに見る観察方法なのです。

唯識思想を打ち立てた学派は瑜伽行派《ゆがぎょうは》（ヨーガを実践する派）といわれ、ヨーガという観察を実践することによって、「唯だ識すなわち心しか存在しない」という思想を形成するに至ったのです。

そもそも「十牛図」とは、禅の修行によって高まりゆく心境を比喩的に十段階で示したものですが、この「禅」もヨーガの一種です。

禅とはパーリ語のジャーナ（jhāna、サンスクリット語では dhyāna といいます）の音写の禅那の那を省略したものです。またこのジャーナは「定」とも意訳されます。この禅と定との二つを一緒にして「禅定」ということがあります。したがって禅とは「定まった心」ということができます。また、禅の原語ジャーナは「静慮」とも意訳されるように、禅とは「静かに考える心」ということができます。

このような意味をふまえて、禅、あるいは禅定とは、「静かに心を落ち着けて心の中に住して観察する心」と、簡潔には「静かに観察する心」と定義しておきます。

とにかく、「静かに観察する心」でもって、「『自分』とは言葉の響きがあるにすぎない、自分などは存在しない」という事実に気づくだけでも、どんなに気が楽になることか。そして、いままでよりもっと自由に行動することができるようになることか。

例えば、ある人から「あなたは馬鹿だ」と言われても、あなたは平気でいることができるようになります。なぜなら、あなたと名指しされた〝自分〟は存在しないから、「自分が馬鹿であるわけではない、この頭が、脳のはたらきが鈍いだけなのだ」という事実に気づいて、怒ることもないからです。この事実を自覚するとき、その自覚する自分は「新しい自分」です。そして、この「新しい自分」に基づく新しい生き方ができるようになります。

さあ、「自分」だけではありません。この禅定の心で、他のいろいろの「もの」を静かに観察してみましょう。

すると一体、なにに気づくことになるのでしょうか。

時間も空間も存在しないことに気づけるか

次に、禅定の心で静かに観察すると、時間も空間もないことに気づきます。

ここでまた、問答をしてみます。

ある人に「いま何時ですか」と聞くと、その人は時計を見て、例えば「いま三時です」と答える。そこで私は「いまですよ。いま一瞬のいまですよ」と真剣に問いなおす。するとその人も真剣に、たぶん、静かに心を落ち着けて心の中に住して観察して、そして「いま何時、と言うことはできません」と答えてきます。なぜなら、「いま三時です」といえば、数秒にわたり、いま一瞬の一刹那の「いま」ではなくなってしまうことに、すなわち、一刹那の「いま」を言葉で表現することは不可能だということに、その人は気づいたからです。

そうです、私たちが無反省に考えている〝いま〟というのも、実は「言葉の響き」があるだけなのです。

空間にしても同じです。

私は、自分の外に空間があり、その中で、いろいろの「もの」が存在すると考えています。例えば、眼の前の湯飲みを見て「その湯飲みは、私の外にある」と考えます。でも、静かに考えてみると、私は私の外に抜け出たことはないのですから（この事実を静かに考えて確認してください）、湯飲みは外にあると断定することはできません。「外」も「内」も、そして内と外から成り立つ「空間」も、やはり言葉の響きがあるだけなのです。

もうここまでくると、いままで考えていたことが、正確にいえば、言葉で考えていたことが、すべて非存在であることに気づき、頭の中が真っ白になります。

「十牛図」第一図の牧人も、いままで考えていた「自分」や「時空」はただの思い込みであり、非存在であることに気づいたのです。

しかし、彼はそれで虚無主義になったわけではありません。逆に、「では新しい自分、新しい時空の世界は一体なにか」と、その解決を目指して牛探しの旅に出かけたのです。

私たちも牧人に負けずに、「一体なにか」という疑問を抱きつつ、牛探しの旅、自分探しの旅に出かけようではありませんか。

「いま」「ここ」という時空

「新しい自分」、「新しい時空」とは一体どのようなものなのでしょうか。

前述したように「自分の手」という事実判断における〝自分〟や、あるいは「自分は偉い」「自分は、社長だ、大臣だ、教授だ」などと自慢するときの価値判断における〝自分〟は、すべて、存在していないのに存在すると思い込んでいる「偽りの自分」です。

しかし、牛探しの旅を進めるにつれて、そのような思い込みの自分の影が次第にうすれて、「新しい自分」の像が次第に鮮明に現れてきます。

見牛《けんぎゅう》の段階で見出された牛（自分）、得牛《とくぎゅう》で捕《つか》まえられた牛（自分）、牧牛《ぼくぎゅう》で飼い馴らされた牛（自分）、騎牛帰家《きぎゅうきけ》で牧人にまたがられている牛（自分）、これらすべては、ますます鮮明になっていく「新しい自分」ということができます。これらの「新しい自分」については、後の各図の中で説明することにして、いま、ここでは「新しい時空」について考えてみましょう。

現代においては、ニュートンが唱えた絶対時間と絶対空間の存在は、すでに否定されました。その「非存在」を哲学的に証明したのが、十八世紀の哲学者カントです。

カントは、時間と空間とは私たち人間がもつ先天的な直観形式である、すなわち時空は内的な認識の形式であり鋳型《いがた》であり、もしもそれを外的な客観的な存在であるとするならば、二律背反《にりつはいはん》という矛盾が生じることを論理的に証明しました。

もう一人は、二十世紀の科学者アインシュタインです。彼は、あの有名な一般相対性理論を唱え、空間は三次元ではなく、時空から成り立つ四次元であることを発見しました。いずれも時空に関する新しい発見です。

しかし、私たちは、すでに見てきたように、静かに禅定の心で観察して、時空は非存在であることに気づきました。有ると思い込んでいた時空は無いということに気づきました。でも、「新しい時空」はあります。それは、本来は言葉で表現できない「いま」「ここ」という時空です。

坐禅を修するとき、指導する老師の多くは、「いま、ここになりきれ」と励まします。「いま、ここ」と念じつつ、出る息、入る息になりきり、なりきっていく、これが坐禅の一つの方法である随息観です。

「いま、ここ、このこと、これで行くところまで行くのだ」と激励してくださる老師もいます。行くところまで行く、そのような「ところ」は、どこなのでしょうか。

「なに」(存在)から「いかに」(当為)

牧人は牛が逃げたことに気づき、牛探しの旅に出かけました。
しかし、考えてみると、彼は牛をあきらめて、鶏や羊を飼って生きていってもよかったのです。それなのに、彼はなぜ辛く困難な牛探しの旅路に出かけたのでしょうか。この問題を考えるにあたり、まず、次の二人の哲人の言を紹介します。

「元来真理は一である。知識においての真理は直《ただち》に実践上の真理であり、実践上の真理は直に知識においての真理でなければならぬ。深く考える人、真摯なる人は必ず知識と情意との一致を求むるようになる。我々は何を為すべきか、何処に安心すべきかの問題を論ずる前に、先ず天地人生の真相は如何なる者であるか、真の実在とは如何なる者なるかを明《あきらか》にせねばならぬ」

(西田幾多郎『善の研究』)

「一生涯善良に生きぬこうと思ったら、われわれは何をおいてもまず、自分のなすべき事となすべからざる事とを知らねばならぬ。そしてこれを知ろうと思ったら、自分は一体何であるか、自分の住んでいるこの世界はいかなるものか、ということを理解しなければならぬ」

（トルストイ『人生の道』）

両者の言明は表現こそ違っていますが、まったく同じことを述べています。簡単に共通点をまとめると、

人間、いかに善く生きていくべきかを考える前に、まず、そう考える主体である「自分」は一体なにか、自分がその中に生きる「世界」は一体なにかを明らかにしなければならない。

という点です。
もっと簡潔には、

「なに」を明らかにしてから、「いかに」という問題に取り組まなければならない。

といえるでしょう。

このうち、「なに」は存在（あること）、「いかに」は当為（まさになになにすべし）といわれますから、思考の過程は「存在から当為へ」、というのが両者共通の主張です。ドイツ語で存在をSein（ザイン）、当為をSollen（ゾレン）といいますから、SeinからSollenへということもできます。

二人の言を俟《ま》つまでもなく、たしかにそうです。身近な喩えでいえば、ある目的地までいかに行くべきかを考えるときには、前もって、そこまでの地理がどのようであるかを知る必要があります。

同じように、広く「自分はいかに生きていくべきか」を考えるときには、まずは、生きていく主体である「自分」はなにかをはっきりさせる必要があります。

牧人は、このことに気づいたからこそ、牛探しの旅、自分探しの旅、「自己究明」の旅に一歩踏み出したのです。

第十図の「入鄽垂手《にってんすいしゅ》」に至るまでは、長い長い道のりが続いています。しかし、彼は、この第一図で、「これまで〝自分〟と思い込んでいた〝自分〟は、虚しく偽りの存在であった。よし、もっとたしかな自分を発見するぞ」という情熱をもって野山に飛び出して行きました。

第二章　牛の足跡を見つける（見跡《けんせき》）

第二図

「見跡《けんせき》」

「もう牛は見つからない」とあきらめていた牧人が、ふと前方に目を落とすと、そこに牛の足跡らしきものを発見しました。「ああ、牛は向こうにいるぞ」と牧人は喜んでその足跡をたどって駆け寄っていきます。

第二図「見跡《けんせき》」における問い

牛の足跡とはなにか。

釈尊最後の訓戒

この第二図では、まず、牛探しにおける足跡とは具体的にはなにか、を考えてみます。結論から先にいえば、牛の足跡とは、釈尊によって説かれた教えです。教えを「教法」、すなわち教えとしての法といいます。ここで「法」という語に注目してみましょう。

釈尊は成道されてからの後半の人生を、他者救済のために費やされ、多くの教え（教法）を説き示されました。そして、最後に言い残されたのが、有名な「自灯明《じとうみょう》・法灯明《ほうとうみょう》」の教えです。釈尊は死に臨んで、弟子の阿難《あなん》から、「偉大な師、釈尊よ、あなたが亡くなったあとは、なにを依《たよ》りにしていけばよいのですか」と質問すると、「自らを灯明とせよ、法を灯明とせよ」と言い残されました。

釈尊はまことにすぐれた教育者です。それまでは、ずっと無我である、すなわち自分は存在しないと言いつづけてきたのに、最後、逆に「自分を依《よ》りどころにしなさい」と訓戒されたのです。

この自灯明の「自」すなわち「自分」は、これまで述べてきた「新しい自分」であるということができるでしょう。

るでしょう。

「十牛図」の過程は、この「新しい自分」がますます鮮明に現れてくる過程であるといえ

教えとしての法

ここでは法灯明の「法」を問題としたい。法はサンスクリット語の dharma（ダルマ）の訳で、維持する、保つ、を意味する動詞 dhṛ から派生した名詞です。「維持するもの」という原意から、規則、法則、そして、存在を貫く真理などを意味する語です。

仏教で使われる法には、まとめると次の三つの意味があります。

① 真理
② 教え（教法）
③ 存在の諸要素

この三つの関係は、簡潔には、「存在の諸要素（法）から成る自分が、教え（法）を依りどころとして、灯明として、真理（法）に到達すること」――すなわち、これが仏道修

行の過程、牧人の牛探しの旅であるということができます。

ここでは牛の足跡、すなわち「教え」について考えてみましょう。

教えは言葉から成り立っています。ここまでは、「言葉で考えられたものは非存在である」ということを見てきました。ところが、今度は、逆に、「言葉をたよりにせよ」といっています。これは、どういうことなのでしょうか。

この答えとして、次のように答えることができるでしょう。

「私たちは、言葉によって迷っている。だから、その迷いは同じ言葉によって正す以外には方法はない」と。

例えば、本当は右に行くべきなのに、「よし左に行こう」と、まちがって左に行っている人がいたら、「右に行きなさい」と正しい言葉をかける必要があります。

この正しい言葉、広くは正しい教えが、釈尊の最後の訓戒のなかにある法灯明の「法」です。

あとで述べるように、正しい言葉は、もちろん、正しい師匠から直接聞くことが望ましい。しかし、それができないときは、経典を読むことであってもいいのです。

私は『般若心経』を唱えるときは、特に「色即是《しきそくぜ》空《くう》・空即是《くうそくぜ》色《しき》」の箇所を力強く唱え、その言葉を深層の心にしみ込ませるようにしています。

それは、この一句が「有るようで無く、無いようで有る」という、すなわち「有《う》即《そく》無《む》・無《む》即《そく》有《う》」という存在のありようを簡潔に表現したものであると確信をしているからです。

「有るようで無い」ならば、よし、心の中に有るヴェールを取り除いて真理を覚《さと》ろう。

「無いようで有る」ならば、よし、苦しむ人々がいたらかれらに手を差し伸べよう。——

という思いが、ますます強く私の中に起こってくるのです。

あらゆる仏教を貫く根本の教え、「縁起」の理に生きる

私は、これまで、多くの仏教の教理に教えられ励まされてきましたが、いちばん励まされ、影響を受けた教えは「縁起」という教えです。

ときどき、「仏教の根本教理はなんですか」と聞かれることがあるのですが、私は、即座に、縁起であると答えるようにしています。仏教の教えには、百八の法門、無量の法門があるといわれるように、原始仏教からはじまって、その後の部派仏教、大乗仏教、さらにチベット仏教、中国仏教、日本仏教と展開してきました。その中で、多くの教理が唱えられてはきましたが、「縁起を見るものは法（真理）を見、法を見るものは縁起を見る」

と説かれるように、全仏教を貫く根本の教えは縁起です。

人びとが、縁起の理を理解し、縁起の理にそって生きるならば、まちがいなく、世界、そして日本において生じている、多くの問題が解決されていくものと私は強く確信しています。個人的な問題も、社会的な問題も、です。なぜでしょうか。

大学の授業で、一人一宇宙であると講義すると、学生の中から、「一人ひとりが閉ざされた世界のなかに住んでいるならば、お互いに対立して生きていくことになるのではないか」という質問をときどき受けます。

そこで、左のような図を黒板に描き、縁起の理の重要性を知ってもらうことにしました。

この図からもわかるように、小さな丸で示す一人ひとり（一人一宇宙。図では「事」と表現しています）は別々の存在です。だからこそ、たしかに一人一宇宙の中でエゴを出し、〝自分〟を出してお互いが生きていくならば、そこに我他彼此《がたひし》の対立が生じます。家庭や社会における争い、さらには民族同士の対立、そして戦争という、人間が犯す最大の愚行が生じるのです。

では、私たちは、そのように対立することなく、お互いを理解して平和に生きていくためには、どうすればいいのでしょうか。

◎縁起の理

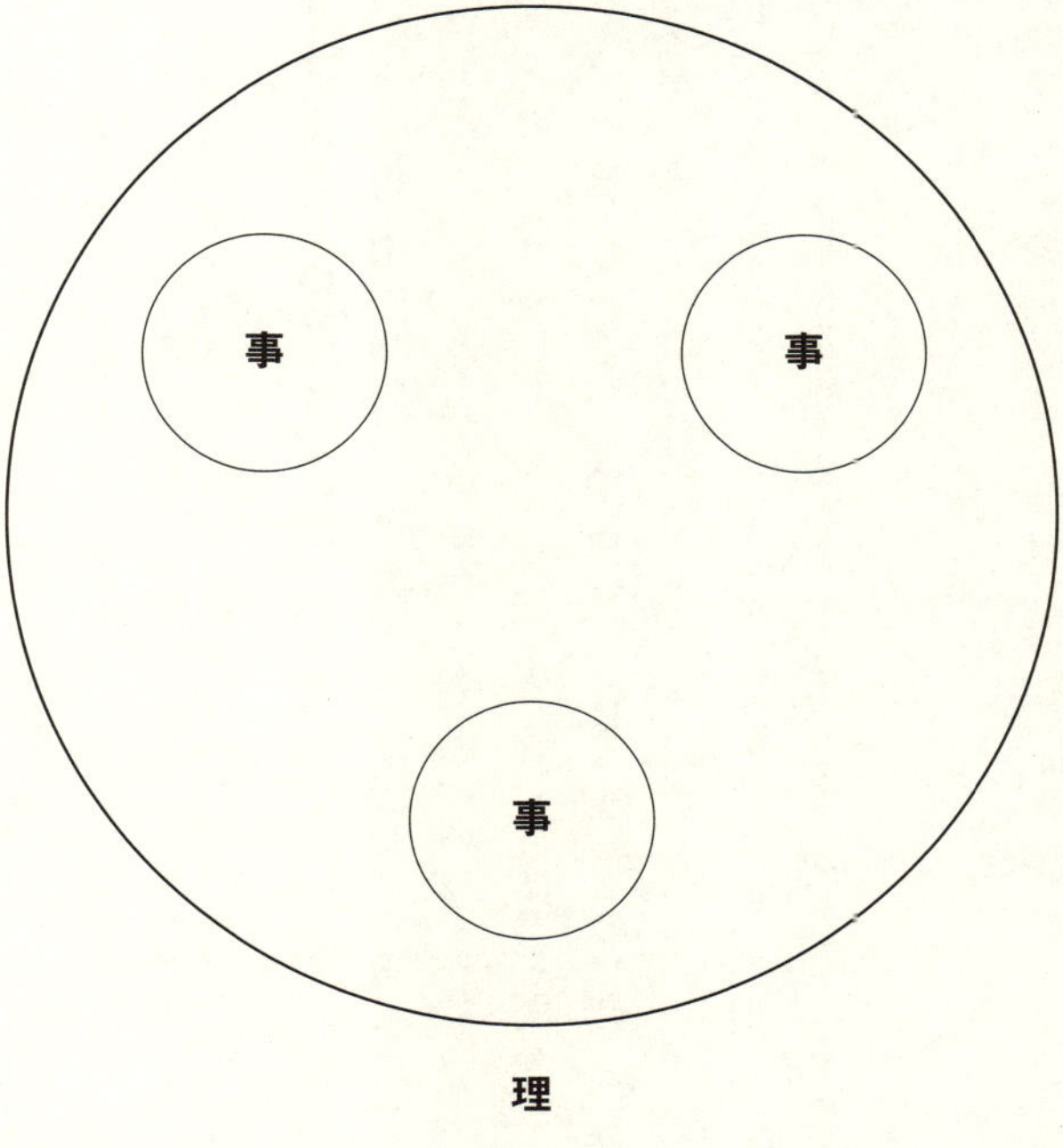

事:現象としての一人一宇宙
理:縁起の理

それには、すべての「一人一宇宙」を、包み込み、貫いている共通の「理」を理解し、その理に則して生きていくことであると思います。その共通の理というのが、図の中で、小円を全部包み込んでいる大きな円で表した「縁起」という理です。

縁起の理で考えたときの「自分」とはなにか

ここで、一人一宇宙の中の〃自分〃を、縁起の理に則して考えてみましょう。

前に「〃自分〃とは、存在しないのに存在すると思い込んでいた偽りの自分」であると述べましたが、この「偽りの自分」の存在性を少し認め、語勢を弱めて「仮《かり》の自分」という言い方で呼んでみるなら、その「仮の自分」とは「有るようで無く、無いようで有る自分」と言うことができます。

これを、「縁起」という教えにそって考えてみましょう。

縁起は「縁によって物事は生起する」という意味ですが、縁を〃此《こ》れ〃、生起する物事を〃彼《か》れ〃とするならば、

「此れ有れば彼れ有り、此れ無ければ彼れ無し」

と定義されます。これを記号で言い換えると、

「Aが有ればBが有り、Aが無ければBが無い」ということができます。これは、まさに科学にも通じる法則です。釈尊はこの科学的法則こそが真理であると強調しました。仏教は、その出発点からして科学的であったと考えられる一つの証拠です。

この「Aが有ればBが有り、Aが無ければBが無い」という法則に則して、まず、圧力と斥力《せきりょく》という現象を考えてみます。

例えば、硬い壁に手をあてて強く押すと手に壁からの斥力が感じられます。そして、押す力をなくすと斥力も消えてしまいます。すなわち、圧力（A）が有って斥力（B）が有り、圧力（A）が無ければ斥力（B）も無くなります。したがって斥力は有るようで無く、無いようで有る、そのような存在ということになります。

いま問題としている〝自分〟も斥力のようなものです。これを縁起の法則に則して考えてみましょう。Bを自分であるとすると、「Aが有れば自分が有り、Aが無ければ自分が無い」ということになります。つまり、「自分とは有るようで無く、無いようで有る」という仮の存在であるのです。

本当にそうです。六十兆の細胞から成り立つ身体と、数えることができないほど噴き出てくる言葉や思いを浮かべた心とが有るからこそ、〝自分〟というものが有る。もしも身体も心も無くなってしまえば〝自分〟というものは無くなる。――そのような仮の存在が〝自分〟なのです。

もし、このように「仮の自分」の存在に気づいたとき、〝自分〟だ、〝自分〟だ、と主張してきた〝自分〟への執着が、幾分弱くなってくるのではないでしょうか。そして〝自分〟のまわりに生じる我他彼此の対立も、少しは薄らいでくるのではないでしょうか。

「自分の妻」ではなく「妻の自分」。「自分の子ども」ではなく「子どもの自分」

縁起について、もう一つ理解すべき重要なことを考えてみます。

前述の縁起の定義では、Aを「他」、Bを「自」ととらえると、「他が有って自が有る」ということになります。

この法則を理解してもらうために、私は「生まれてから最初の思い出はなんですか」と質問することにしています。すると、相手は、かなり時間をかけて思いにふけって、例えば「寝ているのを上からのぞき込んだ両親の顔」と答える人もいます。ちなみに私には、どこかの赤い鳥居が最初の思い出としてあります。

つまり、両親の顔、赤い鳥居、という「他」のものがあって、その次に〝自分〟という「自」が存在していたのだ、と思い出されるのです。両親の顔や赤い鳥居などの映像がなくて、〝自分〟という映像を意識したのが最初の思い出であるという人はだれもいないでしょう。思い出される映像（＝他）が有って、生まれ出ていたという自分（＝自）が設定されるのです。

前章で実験した「自分の手」についても同じことがいえます。「自分の手がある」のではなく、まず、手を見て、それから「自分の手である」と判断するのですから、「手という〝他〟があって、自分という〝自〟がある」ことになるのです。

同じように、妻という〝他〟があって自分がある、あるいは、子どもという〝他〟があって親があるのだから、「自分の妻」ではなく「妻の自分」、「自分の子ども」ではなく「子どもの自分」と考えてみてはどうでしょうか。すると家庭内での夫と妻、両親と子どもとの間の対立も和らいでくるのではないでしょうか。

私は、この縁起の理こそ、物理・心理・倫理すべてを包括する根本的理であるという確信を深めてきました。各人が、この縁起の理を理解し、縁起の理に則して生きていくならば、家庭も社会も、必ずやよい方向に向かうものと信じています。

坐ったら松の木になる

私は、『般若心経』を唱えるときは、とくに「色即是空《しきそくぜくう》・空即是色《くうそくぜしき》」の箇所を力強く唱え、その言葉を深層の心にしみ込ませるようにしている、と前に述べました。もちろんこのように経典の文句から学ぶことも大切ですが、直接人間から聞く言葉というのは、もっと力強いものです。

タイムトンネルを通って釈尊にお会いし、そこで「私は死ぬことが恐い」と告白すれば、釈尊は「大丈夫だ!」と一喝されることでしょう。その声は、私の深層の心(阿頼耶識)にまで響きとどろき、私の死への恐怖を生み出す種子を少しでも焼却してくれることでしょう。

ここで、実際にあった私の経験を紹介させてもらいます。

私は小学生時代、大分市にある万寿寺《まんじゅじ》という禅宗の専門道場の門前に住んでいました。幼いということもあってか、私は僧侶の方々に可愛がられ、お寺の中を遊び場としていました。時折、接心《せっしん》中の禅堂で坐っている僧の姿を垣間見ていたのですが、ある日、住職に、「なにをしているの」と尋ねたことがあります。すると、住職はその質問には直接答えることなく、「今度わしが部屋の中で坐っているとき、襖《ふすま》を開けてみなさい。部屋の真ん中にドカーンと大きな松の木が植わっているよ」と答えてくださいました。えー、そんな馬鹿な、と子ども心にもびっくりしました。

しかしその言葉は、私の心にしみ込み、折にふれ、そのときの思いが蘇ってきます。あのとき住職さんから聞いたその言葉は、私の深層心に強く印象を留め、それが大人になって芽をふき、坐禅に参じ、そして剃髪するに至った一つの原因であったのかもしれません。

正しい言葉や教えは、もちろん本来は論理的なものであるのですが、「部屋の中に松の木が植わっている」というような非論理的なものであってもよいのです。

いずれにしても、正しい教えを正しく聞く、ということをくり返すことは、深層に潜在する素晴らしい種子（可能力）に、いわば水や肥料を与えて生育せしめるはたらきがあります。そのようにして生育した種子は、いつか必ず、縁を得て芽をふくことになります。

正しい教えを正しく聞くことをくり返す、これを正聞熏習《しょうもんくんじゅう》といいますが、この正聞熏習は、後に言及する無分別智《むふんべつち》（114ページ参照）とならんで、自己を深層から変革していく大きな力となります。

「火」と口に出して言っても唇は燃えない

このように、人生の指標となる言葉もあります。しかし、月をさす指は月そのものではないように、足跡は牛そのものではありません。つまり、言葉には限界があることを知った上で、言葉にたよっていかなければ、まちがった方向に進むことにもなりかねません。

言葉の限界、その第一は、当然のことですが、「言葉は、それが指し示す対象そのものではない」ということです。

例えば、「それは火だ」と言っても、唇が熱くなることはありません。

少し大袈裟かもしれませんが、言葉と対象との間には千里の隔たりがあるといってもよい。

それなのに私たちは、言葉で認識するが如くに「自分」と「もの」は〝ある〟と思い込んでいます。この思い込みが、迷いと苦しみを生じる根深い原因であるということをもう一度確認しておきましょう。

もう一つ、気づくべきは、「言葉による判断は、すべて個々人が行う」ということです。

例えば、チョークを持ってだれかに「これはなんですか」と質問すると、聞かれた人からは「それはチョークです」という答えが返ってきますが、これでは正確な答えではありません。なぜなら、正確には「それはチョークであると私は判断します」と答えるべきであるからです。

事実判断にしても価値判断にしても、いつも判断する主体があり、それが判断していることを忘れてはならないのです。

「与えられた認識」から「養成された認識」へ

もしも、このことに気づけば、次に、「その判断する主体のありようが変われば、判断される内容も変わってくる」ということに気づきます。

私たちは、現象として現れてくる事柄を、否応なしに時間と空間の枠で認識せざるをえません。それを、哲学者カントの言を借りていえば、〝先天的直観形式〟である時間と空間とで、現象をとらえざるをえないのです。「先天的」というのは、それから逃れえない限界であり束縛であることを意味します。

この先天的な認識、すなわち、「与えられた認識」だけにとどまっていれば、あの牧人は、「見跡」（第二図）からさらに「見牛」（第三図）や「得牛」（第四図）の段階に進むことはできません。

その「与えられた認識」から抜け出て「養成された認識」に変えていく必要があります。事実、牧人は禅の修行を通して、認識のありようを変化せしめるからこそ、つぎつぎとより高い、そしてより深い段階へと進みゆくことができるのです。

先天的な認識形式だけでは、常識によって思い込んだ時空の中でしか生きられません。しかし養成された認識形式では、前述したような新しい時空、「いま」「ここ」という時空をとらえることができます。不生不死《ふしょうふし》の世界に触れることができます。

それを実証されたのが釈尊であり、この「十牛図」の牧人なのです。

信から確信へ、そして智へ

牧人は足跡をたどっていけば牛を見出すことができると信じて歩んでいっています。最初は少し疑っていたかもしれませんが、足跡を追って進むにつれて「牛は間近にいるぞ」という確信を得るようになりました。

「確信」に相当する語を仏教に探すと、それは「信解《しんげ》」という心です。信解とは、信じることがすでに解脱していることに近いというありようです。

仏教には、なかなか信じることが難しい教えがあります。

例えば、「十牛図」の第八図にあたる「空一円相」の「空」は、存在の究極のありようを表す語ですが、空とは「非有非無《ひうひむ》」である、すなわち、「有るのでもなく、無いのでもない」と定義されます。

私が坐禅をはじめた二十歳の頃、たまたま寝ころんで「禅入門」と題する書物を読んでいるとき、この「非有非無」の言葉に出くわし、「えー、これはなんだ！」と驚いて飛び起きたことが、いまでも懐かしく思い出されます。その当時は、魚の血液の研究という自然科学に従事していましたから、ものは「有る」か「無い」かのどちらかであると思っていました。それが、ものの本当のありようは「非有非無」であると書かれていたので驚いたのです。

当初はそんな馬鹿な、と思いましたが、その後、禅を修し、仏教を、とりわけ唯識思想を学ぶことによって「非有非無」を信じるようになり、いまでは、前述した「信解」の心でこの教えを理解するようになりました。

そして、人生の難局に遭遇するたびに、「有るのでもなく、無いのでもない」すなわち「空」であると考えて、その困難な状況を乗り越えてきました。有と無にこだわっていた自分、その自分が、有と無とから解き放されたとき、不思議と勇気と情熱とが湧いてくるからです。

牧人は、足跡を信じることが確信（信解）となり、そして最終的には、牛を見出す、すなわち、牛を智《し》るという段階に至ります。「信」から「確信」へ、そして「智」に至る、これが人生を歩む中での心が深まりゆくプロセスであるといえるでしょう。

のちに言及しますが、牧人が「非有非無」の教えを最終的に智でつかむ段階が、第八図の「人牛倶忘」「空一円相」です。

「非有非無」に驚いた若いときの私……、でも驚くだけでは意味がありません。牧人に負けずに精進しなければならないと自らに言い聞かせてきました。

死後の世界は、有るのでも、無いのでもない

「井の中の蛙《かわず》、大海を知らず」という有名なことわざがあります。自分の狭い知識や考えにとらわれて、他の広い世界があることを知らないありようを批判したものです。

私もあの「禅入門」という本の中の「非有非無」という言葉に出会うまでは、まさに、井の中の蛙でした。

また「管見《かんけん》」という言葉があります。管を通してみると、見られた向こう側の領域しか

見ることができません。それに喩えて、管見とは、視野や見方の狭いありようを意味する語です。

私たち人間は、管見しかできません。「有」と「無」という二つの管でしか物事を見ることができません。だから、もしも私が、眼の前にあるコップを「このコップは有るのでもなく無いのでもない」と言うと、私のことを少しおかしいと人は思うでしょう。しかし、「コップは有るのだ」とだけ考える人の方が、おかしいのではないでしょうか。あまりに常識だけに縛られているのではないでしょうか。

いま例に出した「コップが有るか無いか」は、それほど問題ではありません。いちばん問題になるのは、この〝自分〟が有るか無いかということです。とくに死んでしまったあとの自分は存在するのか、あるいはまったく虚無になってしまうのか、これは人間であるかぎり、時代と場所とを問わず、だれしもが背負う大きな、しかも解決困難な問いかけです。だからほとんどの人は、死後はわからないと考え、不安に怯えます。

ところが、釈尊は、この問いかけに対して、中道という教えでもって「死後は非常非断（常にも非ず、断にも非ず）である」と一刀両断されたのです。このうち、「常」とは死後も存在しつづけること、「断」とは死後は虚無になってしまうことです。

したがって「非常非断」であるとは、言い換えると、死後は「有るのでもなく、無いのでもない」すなわち「非有非無」であるということになります。死後に関して、釈尊は、この「非有非無」という一言で答えたのです。

言葉というものは、自分で心にまいた塵ほこりである

有るか無いかどちらかである、という有無《うむ》相対的思考、これは、常識的な考えです。広くいえば、ギリシャに源を発するヨーロッパ的思想は、すべて有無相対的思考に基づいています。

例えば、ギリシャの哲人、パルメニデスは「有るものは有り、無いものは無い」という根本命題を、物事を考える中心にすえました。

あの有名なデカルトの「我思う、故に我有り」という言も、有無相対的思考の域を脱していません。

キリスト教においてもそうで、「神は無から世界を創造し給うた」偉大な力を具《そな》えた創造神であると説きます。

このように、常識や言葉で考えるヨーロッパ的な思想に慣れている私たちは、「非有非

無」であると言われると、そんな馬鹿なことが、と考えてしまいがちですが、ここでも、あの禅定の心で静かに考えてみましょう。

結論からいえば、言葉というものは、私たちが心の中にばらまいた塵ほこりです。熱いフライパンに水を一滴二滴たらすと、その水ははじけ飛んでしまいます。それと同じく、禅定を修して「生《なま》の存在」になりきり、なりきっているとき、「有」あるいは「無」という言葉を発してみると、その言葉は水滴のようにはじけ飛んでしまいます。

ここで言う「生《なま》の存在」とは、〝自分〟の意図とは無関係に生じた「人々唯識」の世界、一人一宇宙の世界、ただ心だけの世界です。無量無数の縁によって「いま」「ここ」に現象として現れた世界、縁起の世界です。

その中で、多くの人が、〝自分〟の方から、意図的に能動的に言葉を発することによって、その生《なま》の世界を加工し、「有るか無いか」の世界に変貌せしめてしまったのです。

前述した「非常非断」「非有非無」の中道とは、そのように「加工された世界」から「生《なま》の世界」に立ち返れという教えです。中道とは、くわしくは「中と智り、中を行ずる」ことです。

それは、元の「生《なま》の世界」は、常と断、有と無、総じていえば、Aと非A……という両極端の考え方から離れ、真ん中のありようであると智り、その智に基づいて生きることとです。

あとで述べることになりますが、唯識思想では、中道というものは「無分別智である」と一言で定義するようになりました（無分別智については114ページ参照）。Aとか非Aとか言葉でもって分別することなく、ただ、ただ、なりきり、なりきって生きることが中道であるというのです。

もちろん、生きる中で、有も無も、苦も楽も、善も悪もあります。中道とはこのような二つを避けて真ん中の道を細々と歩くことを言っているのではありません。そのような世界の中で、その両極端のいずれかに偏することなく、両者を支えつつ、力強く、しかも柔軟な身心で生きていくことです。

そのような身心を養成する方法が、牧人がたどる牛探しの旅であり、禅の修行であり、ただ、ただ、なりきり、なりきって生きることなのです。

第三章　牛を見つける（見牛《けんぎゅう》）

第三図

「見牛《けんぎゅう》」

牧人はとうとう探し求めている牛を発見しました。牛は前方の岩の向こうに尻尾を出して隠れています。牛が驚いて逃げ出さないように、牧人は足をしのばせて牛に近づいていきます。

第三図「見牛《けんぎゅう》」における問い

なにが牛を見るのか。

「ただ、なりきって見る」とは？

重力とはなにか。このはたらきを知るためには、ニュートンのようにリンゴが木から落ちるのを観察すればよいでしょう。ニュートンはそれによって重力のはたらきを記号で表すことに成功しました。

しかし、これはあくまで、重力のはたらきを〝対象〟として客観的に観察することにすぎません。

これとは別に、もう一つ、重力のはたらきを知る方法があります。それは、どこか高いところから飛び降りてみることです。すると自ら直接、生《なま》の重力を体験することができます。このときは、重力のはたらきを記号化することはできません。

この後者の観察は、一言でいえば、「なりきって見る」という観察方法です。なりきって見るとは、静かに見るのではなくて、動的に見るのです。この、なりきって見る——、これこそが、牛探しの旅を歩む牧人が常に心がけている見方です。

「見牛」の段階では、「なにが牛を見るのか」という問題を提起しました。見るというのは眼に代表されるはたらきです。喩えを用いた物語での「十牛図」では、もちろん牧人は眼でもって牛を見るのですが、具体的な思考に応用させると、〝眼で〟牛を見るのではありません。では、牧人の中にある〝なにが〟牛を見るのでしょうか。

結論からいうと、牧人は、〝眼〟という身体の器官によって、〝視覚〟と〝心〟で見るのではなく、「ただ、なりきって牛を見る」のです。

これに関して、白隠《はくいん》禅師の次の言葉を記してみます。

「只《ただ》動静の二境を覚えず知らぬ程、工夫純一なるを貴とす。この故に言ふ。真正参禅の衲《のう》子《し》は行きて行く事を知らず、坐して坐する事を知らずと」

「いまは身を動かして作務《さむ》をしている、いまは心を静めて坐禅をしている、と思い、身と心とを分けて、あるいは、動と静とを分けて修行するならば、それは真の禅修行ではない。自分は動と静との組み合わせからなると考えること、自分は身と心との二つから構成されていると考えること、それは、あるがままにある生《なま》の存在の流れを無理にせき止めて、元のありようを変えてしまうことである。動と静、身と心の二つを分けることなく、ただ、ただ、なりきり、なりきって修行せよ」と白隠禅師は戒めているのです。

私が坐禅に参じた当初は、庭での作務の時間に全員が黙々と草一本一本を抜いている姿を見て、なかなか理解できませんでした。その後、「いま」「ここ」になりきることが禅の修行の中での、否、禅だけではない、「一体なにか」と追求していく過程の中での唯一の方法であるということが分かり、作務の意味が理解できるようになりました。

私たちも、「牛を見る」ことができる日を期待して、身心をあげて、ただ、なりきり、なりきっていく、「いま」「ここ」を生きていく、このような生き方をつづけていこうではありませんか。

言葉で表すことのできない「ただ、ただ」の世界が深層を癒す

いま「身心をあげて」といい、「身」と「心」という二つの語を使いましたが、本当にこの二つは分けることができるのでしょうか。これに対してまず、釈尊の次の教えを紹介しましょう。

釈尊はある弟子から「身と心とは同一ですか、異なっていますか」と質問を受けたとき、黙然として答えなかったという話が原始経典にあります。これを捨置《しゃち》、すなわち捨て置くといいます。

でもこれは決して質問を無視したのではなく、弟子の質問が質問として成立《せいりつ》していなかったからです。

例えば、ある人から「牛の角から牛乳が何升とれますか」と問われたとします。そのとき、その人は答える必要はありません。なぜなら角から牛乳などとれるわけがありませんので、この質問は質問として成立していないからです。それと同様に、「身と心とは同一ですか、異なっていますか」というのは、質問として成り立っていないから釈尊は答えなかったのです。

もちろん、それは釈尊にとってそうであるのであって、世間の中に生きる私たちにとっては、この質問は成立します。だから、なんらの成果がなかったようですが、ひと頃、脳神経の研究者のあいだで、脳と精神とはどう関係しているかを調べる研究が盛んに行われました。たしかに、世間に生きる人にとっては、身体と精神、身と心との関係は興味ある問題です。釈尊の時代でも同じだったのでしょう。

ところが釈尊にはその質問は成立しなかった。なぜなら、釈尊は世間の中に生きる人ではなかったからです。もっと厳密にいうならば、釈尊は世間の中に生きながら、世間の裏面の中にも生きていたからです。「紙」は表と裏との両面から成り立っているように、「世間」もいわば表と裏とから成り立っています。

仏教術語でいえば、世間の表面を世俗諦《せぞくたい》、裏面を勝義諦《しょうぎたい》といい、前者は言葉が通用する世界、後者は言葉が通用しない世界です。釈尊は、さきほどの弟子の質問に対して、勝義諦の世界に立脚して、なにも答えないという態度をとったのです。

最高の勝義諦の世界は、「十牛図」でいえば、第八図の「空一円相」の世界です。たしかに空の世界にまで至ることは困難です。でも、そこに至る入り口が、例えば、出る息、入る息に〝なりきり、なりきっていく〟禅定の世界です。

そこにあるのは、身体でも心でも、言葉でも思いでもありません。否、有るとも無いともいうこともありません。言葉では表すことのできない世界です。あえて言えば、「ただ、ただ」の世界です。

昼間、我他彼此《がたひし》の世間の中に生きて疲れたら、寝る前に、しばらくでも、この「ただ、ただ」の世界、禅定の世界にひたってみてはどうでしょうか。「ただ、ただ」の世界は深層から疲れを癒《いや》してくれます。

幽霊などは存在しない

質問に答えないという捨置について、私の思い出を紹介させていただきます。

私が水産学科から印度哲学科に移って数年たった頃、本郷にある東大仏教青年会に薬師寺の橋本凝胤《はしもとぎょういん》長老がわざわざ奈良から見えて、月一回、唯識を講じてくださいました。長老は、戒律を守り、生涯肉食妻帯されず、それは厳格な方でした。ほとんど笑われることがなく、常に厳しい風貌をされておられました。

そこで、ある日、講義の後の座談のとき、長老に思い切って「なぜ笑顔をされないのですか」と質問したところ、即座に「この世に面白いことがあるか」と答えられました。もちろんこれは逆説的な表現で言われたのかもしれませんが、生きる本質を見ぬかれた方の言葉だったのでしょうか、いまでも心に残る一言です。

もう一つ、捨置に関する思い出です。当時、幽霊が恐かった私は、長老に「幽霊はこの世にいますか」と、これまた思い切って聞いてみました。すると長老は黙っておられる。もう一度同じ質問をしましたが、同じく黙っておられる。私はだんだん動揺して、ついに、「長老さま、幽霊は本当にいるのですか」と大きな声を張り上げました。しかし、それでも長老は、黙然の態度を崩しません。もう、私は恥ずかしさで顔が真っ赤になりました。

長老は、先ほどの釈尊と同じく、私の質問が質問として成立しない世界に住されていたのでしょう。そして、すべては唯だ識が変化したものであるという唯識思想の教えを「黙然」という態度で示してくださったのだということを、あとで知ることができました。

一人一宇宙であって、その中で、私たち一人ひとりがすべてを作り出しているのですから、みんなに共通の客観的な幽霊などは存在しないのです。

第四章
牛を捕まえる（得牛《とくぎゅう》）

第四図

「得牛《とくぎゅう》」

牛に近づいた牧人は持ってきた綱でついに牛を捕らえました。ふたたび逃げ出そうとする牛を、牧人は渾身の力をふりしぼって自分の方に引き寄せようとして、牛との格闘がはじまりました。

第四図「得牛《とくぎゅう》」における問い

牛を捕らえる綱とは
なにか。

「念」の力の素晴らしさ

小学校の理科の実験で、レンズを通して太陽光線を一点に絞り、紙に書いた黒い斑点にあてると、ボーッと紙が燃えるのをはじめて見たときの感動と興奮をいまでも懐かしく思い出します。多くの色からなる太陽光線の拡散したエネルギーを一点に絞って集中すると、このように強力なエネルギーが発揮されるのです。

われわれの一人一宇宙には、もう形容しがたいほどのエネルギーが渦巻いているといってもも過言ではありません。この渦巻くエネルギーを一点に絞ってみると、太陽光線と同じく、強力なエネルギーが発揮されます。エネルギーを一点に絞るはたらき、これを「念」といいます。よく念力といわれる念です。

私は、牛を捕まえる綱とは、具体的には、「念の力」「念力」であると解釈したい。

では、「念」とはどういうものなのでしょうか。

それは集中する心のはたらき、集中力です。例えば、心の中に満月を思い浮かべてください。明るく白く輝く丸い月の影像を描き出してみてください。そしてその影像が消えないように描きつづけてください。そのためには、ものすごい集中力を影像に向けなければならないことがわかるでしょう。集中力が弱くなったとたんに月の影像は消えてしまうからです。

人類は言葉を使いはじめたために、念の力が弱まった

いま、念の力を確認することができましたが、そのはたらきについてもう少し考えてみましょう。

念とは術語で「明記不《みょうきふ》忘《もう》」(明らかに記して忘れない)といって、心の中に鮮明に記憶したものを消し去らない心のはたらきをいいます。

私は、この念という心のはたらきがどのようなことに活《い》かせるかを考えてきました。先日、天才チンパンジー、アイの育ての親で有名な京都大学霊長類研究所の松沢哲郎《まつざわてつろう》氏の講演を聴く機会があり、そこで「瞬間記憶」に関する興味を引く研究結果を知りました。このとき、「瞬間記憶」には「念」が強く関係しているのではないかと考えてみました。

まず、研究結果を報じた新聞記事を引用してみます。

瞬間的に見たものを記憶する能力(瞬間記憶。あるいは直観像記憶ともいう)は、

人より子供のチンパンジーが優れている。同研究所で飼育しているチンパンジーのアユム（7歳）と大学生で実験した。チンパンジーには1から9までの数字の大小を覚えさせたうえ、コンピューターの画面上に5つの数字を瞬間的に表示し、小さい順に消去させる実験を繰り返した。数字を0・21秒見せた際のアユムの正解率は約8割と高かったが、28歳の大人チンパンジーは約2割、大学生9人は約4割にとどまった。アユムの記憶は10秒以上持続することも判明。ほかにテストした子供チンパンジー2匹も同様の能力を持っていたという。直観像記憶は人間の子供の数千人から数百人に一人が備えているといわれる。研究グループは自然界で瞬時に敵、味方を判断したり、木々で熟した実を見つけ出す能力に由来すると推定。松沢教授は「人とチンパンジーの共通祖先は高い直観像記憶の能力を持っていたが、人は進化の過程でこの能力を失う代わりに言語機能を高めていったのではないか」と話している。（「産経ニュース」より）

私は、「人とチンパンジーの共通祖先は高い直観像記憶の能力を持っていたが、人は進化の過程でこの能力を失う代わりに言語機能を高めていったのではないか」というところに興味を引かれ、同時にこの推測に同意をしました。

たしかに、人は進化の過程でこの能力を失っていったのでしょうが、進化したから、という言い訳にすがってはいけない。現代人の一人ひとりの中においても、言葉に頼りすぎると、言葉が対象への感覚を弱めてしまうはたらきがある、ということに留意すべきです。例えば眼の前にコップを出され、「それはなんですか」と聞かれれば、当然「それはコップです」と答えるでしょう。しかし、そう答えた瞬間に、「念」の力が弱まり、心は「コップ」という言葉に向けられ、コップそのもの、コップと名づけられる以前の生《なま》の「それそのもの」への視覚は弱まってしまうと考えることができるのではないでしょうか。

コップなどは問題ではありません。大きな問題は、最高度に言葉を駆使できるようになった現代人、そして、まさに情報の海に溺れそうになっている現代人が、言葉や情報から解放されず、生《なま》の存在そのものを感覚し直観することができなくなっているということです。それは牛探し、すなわち自分探しの旅における大きな障害となるのです。

この障害をなくすべく、念の力で〝なりきり、なりきって〟、牛と格闘する力強い牧人の前で沈思黙考してみましょう。

すると、そうだ、念の力を起こして言葉や情報を一度投げ捨ててみようという気持ちになるのではないでしょうか。

「意識のスポット」を「なにか」に向けると記憶力が高まる

さきほど、「それはコップです」と言ったとたんに心は「コップ」という言葉に向けられ、コップそのもの、コップと名づけられる以前の生《なま》の「それそのもの」への視覚は弱まってしまうと述べましたが、この中の「心」とは、正式には「意識」というべきです。意識といっても、consciousness や Bewußtsein などの訳語としての、現代でいう意識ではなくて、唯識思想でいう「第六の意識」です（33ページ参照）。

この意識には次の二つのはたらきがあります。

① 言葉を発する。

② 感覚とともにはたらいて感覚を鮮明にする。

いま問題としたのは、②のはたらきです。

意識を集中して、ある一つの事柄に向けると、その存在をはっきりととらえることができます。例えば、どこかで音がしている。でもなにかほかのことを考えていれば、その音に気がつかない。しかし、意識をそこに向けると、その音がはっきりと聞き取れるようになります。

このように、いわば「意識のスポット」を「なに」に向けるかによって、自分を取り巻く世界が変わってきます。自分がその中に住する「一人一宇宙」の世界が変わってきます。そして、「意識のスポット」が向けられた対象が、強く深層の心（阿頼耶識）に焼き付けられます。

以前にネパールのポカラを訪れた際、ホテルの庭で、暮れていく夕日に照らされた美しいアンナプルナ山を、念をはたらかせ、意識を集中してじっと見つめつづけました。数十分ほどだったでしょうか。それが阿頼耶識（深層心）に強く印画されたのでしょう、いまでも、その美しい映像が私の心の中に容易に再現されます。そんなわけで、その美しい風景を実際に見なくても、いつでも見ることができるのです。

「念」とともにはたらく「意識」は、見入った「対象」を心のなかに強く流し込む、いわば〝ろうと〟のようなはたらきがあります。

旅行に行って写真を撮るのも結構ですが、その前に、まずは風景にじっと見入って、その映像を自らの深層に焼き付けてみてはどうでしょうか。深層心の中に各地の風景が印画された思い出のアルバムができてくるでしょう。

風景だけではありません。日々の生活の中でも、念によって集中された意識を使うのです。掃除をするときは掃除に、歩くときは歩くこと。何をするにも、することになりきり、なりきっていくならば、心が深層から変革されていきます。

それが「新しい自分」を発見することに通じていきます。

勇猛心で「精進」する

暴れている牛、ピンと張った綱、渾身の力を出して精進している牧人、この「得牛」の図は、他の図にはない緊張感を与えます。

「精進している牧人」といいましたが、精進料理でよく知られている「精進」という言葉は、努力を意味するヴィールヤ（vīrya）というサンスクリット語を訳したもので、私はこれは素晴らしい訳だと思います。「精して進む」と読むことができるからです。精米する（米から殻や糠《ぬか》を取り除く）、あるいは精錬する（金属から混じりを取り除く）、それと同じように、身心の汚れを取り除き、所期の目的に向かって突き進んでいく、これが精進という心のはたらきの内容です。

「十牛図」の牛探しの旅、自分探しの旅は、精進をつづけ、心の中から汚れやヴェールを一つ一つ除去していく旅であるということができます。

しかし、積もり積もった心の汚れを取り除くには、並なみならぬ努力が必要です。

もしも、ひるむ心が生じたら、次の釈尊の最後の教えに耳を傾けてみましょう。


「修行者たちよ、諸行は無常である。汝らに告げよう。怠ることなく、努め励めよ」


人間として生を享《う》けたことは、不可能なことが可能となった奇跡です。それなのに無為徒労に毎日を送り、一歩一歩死に近づいていく生き方でよいのでしょうか。

「観想十牛図」を前にして観想してみましょう。「自己究明」「生死解決」「他者救済」という所期の目的に向かって精進する牧人になりきってみましょう。

「ヨーシ！」という勇気が湧きあがってくるのは、私一人ではないでしょう。

第五章　牛を飼い馴らす（牧牛《ぼくぎゅう》）

第五図

「牧牛《ぼくぎゅう》」

牧人は暴れる牛を綱と鞭《むち》とで徐々に手なずけていきます。牛はとうとう牧人の根気強さに負けておとなしくなりました。もう牛は二度と暴れることも逃げ出すこともありません。

第五図「牧牛《ぼくぎゅう》」における問い

牛を飼い馴らすとは
なにか。
深層心から浄化する
にはどうすればよいか。

深層心から噴き出る煩悩

「得牛」で牛を捕《つか》まえました。しかし、牛は逃げようとして暴れています。その牛を手なずけて飼い馴らし、最後におとなしくさせる、これが「牧牛」の過程です。

ここでは、まず、牛を飼い馴らすとは、具体的にはどういうことかを考えてみましょう。禅で「悟後《ごご》の修行」ということがいわれます。悟った後の修行の方が、悟る前の修行より重要であるという意味です。

なぜそうかというと、表層では悟った人でも（＝「十牛図」でいえば、牛を見、牛を捕まえた人でも）、いまだ、深層の心には煩悩を起こす可能力が渦巻いているからです。

牛が暴れているとは、そのような事実の喩えであると解釈できるでしょう。

本当に一人一宇宙です。一人一世界です。唯識思想の言葉でいえば、人々唯識です。その一人背負い、その中に一人住する世界は、識の世界、それも広大で底しれぬ深い心の世界です。

だから、気がつき知覚される表層の世界は、ほんの氷山の一角です。その下には、広大で深淵な深層の心の世界が存在します。

唯識思想を唱えた瑜伽行派の人びとは、ヨーガ(瑜伽)を修することによって表層に心を静めて、その奥にある深層心を発見しました。そして新しく発見した二つの深層心に末那識と阿頼耶識という名を付け、それまでの六識(眼識・耳識・鼻識・舌識・身識・意識)に加えて全部で八つの識を立てるに至ったのです(35ページの図参照)。そして、一人一宇宙の世界の中のすべては、根本心である阿頼耶識が作り出したもの、阿頼耶識から現れたものであり、唯だ識のみが存在するという考えを、また、その阿頼耶識を一切種子識《いっさいしゅうじしき》とよび、その中にはありとあらゆる存在を生じる種子(可能力)が潜んでいるという考えを打ち出したのです。

この考えにそって「人を憎む」という煩悩を取りあげてみましょう。

見牛・得牛の段階で一応の悟りを得た人でも(ましてや私たち凡夫は)、「すべての人を愛さなければならない」と頭で思っても、対立する人に出会うと「憎い」という思いが生じます。それは、その人に会うことが「縁」となって、阿頼耶識の中に潜んでいた「因」が、すなわち憎しみを生む種子が芽を吹いたのです。

憎むという煩悩だけではありません。貪る、嫉妬する、傲《おご》る、だます、などの、無数の煩悩の種子が阿頼耶識の中に潜んでいる、と唯識思想は考えるのです。

でも、この考えは、逆に阿頼耶識の中の種子をなくせば煩悩はなくなるということを教えてくれます。

無分別智の火を燃やせば、煩悩は消える

では、どうすれば煩悩の種子をなくすことができるのか。阿頼耶識という深層から心を浄化するにはどのようにすればよいのでしょうか。

その方法とは、心の中に「火」を燃やし、その火によって煩悩の種子を焼き尽くすことです。具体的には、人びとの中で、社会の中で、「三輪清浄《さんりんしょうじょう》の無分別智」の火を燃やしながら、なりきり、なりきって生きていくことです。

三輪とは「自分」と「他人」と、そして自分と他人との間に展開する「行為」との三つをいいます。

例えば、人にものをほどこすという布施《ふせ》についていえば、「施者」と「受者」と「布施する行為」との三つに分けることができます。私たちは、ふつうは、この三つを分けて、「自分が他人に布施をしたのだ」と思います。

しかし、この思い、強くいえば、この思いあがりが、阿頼耶識縁起の理に基づいて（1

17ページの図参照）、深層の阿頼耶識に自と他とを区別する煩悩の種子を植えつけることになるのです。これでは心は深層からますます汚れていくのです。

そうではなくて、施者と受者と行為との三つを分別しない「三輪清浄の無分別智」で生きていけば、それがいわば「火」となって深層の阿頼耶識にある汚れた種子（煩悩を生じる可能力）を焼尽していくことになるのです。

以上は、自己の利益、すなわち自利の面を述べました。

さて、火にはもう一つ、暖かいという性質があります。無分別智の火で布施を行えば、……例えば、貧窮した人に財物を布施すれば、その行為は火となって相手を暖かく包み込むことになります。これが他人のためになる「利他」の面です。

このように、無分別智の火で布施することによって、結果として他者を救い、同時に自己の深層心が清められることになります。そこに「利他」と「自利」とが同時に成立するのです。

「三輪清浄の無分別智」がはたらく場は布施だけではありません。

日常生活の中で、料理をしたり、掃除をしたりするときにも、ただ、ただ、それになりきり、なりきって行動するときに、そこに無分別智がはたらいているのです。道を歩くときでも起こすことができます。重い荷物を持って歩いているときでも、それになりきって歩けば、重くはありません。だれかに「重いでしょう」と声をかけられたとたんに、重くなります。自分と重いものとを区別し、分別してしまうからです。

深層からのストレスの除去

この無分別智をはたらかせることがなぜ重要であるかをもう少し唯識の教理に基づいて考えてみましょう。

唯識では、束縛には「相縛《そうばく》」と「麁重縛《そじゅうばく》」との二つがあると説きます。前者は表層心(眼識・耳識・鼻識・舌識・身識・意識の六つの識)における束縛、後者は深層心(阿頼耶識)における束縛です。

「相」とは、心の中の影像や思いや言葉です。私たちは、ああだ、こうだ、と考え、憎い、愛《いと》しいと思い、その言葉と思いにとらわれて悩み苦しむ毎日を送っているといっても過言ではありません。家庭内紛争からはじまって会社や社会における人間関係のいがみ合い、ないしは、人間が犯す最大の愚行である戦争まで、すべては自と他との対立であるといえるでしょう。

◎唯識が説く束縛とは

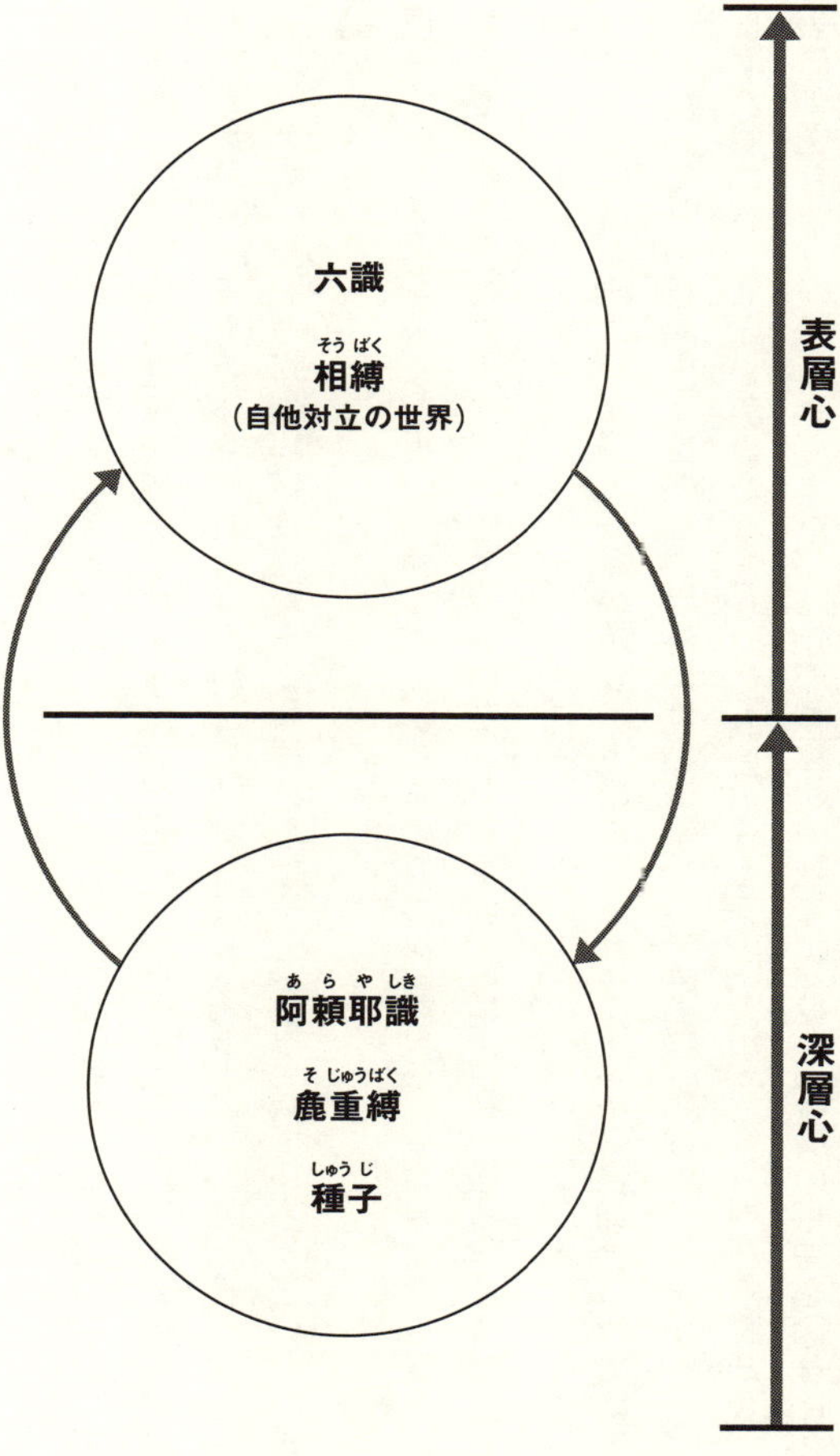
六識
相縛《そうばく》
(自他対立の世界)
阿頼耶識《あらやしき》
麁重縛《そじゅうばく》
種子《しゅうじ》
表層心
深層心

この自他対立の世界は地獄の世界です。地獄というのは未来にあるのではなく、まさにこの現世にあります。過去の戦争しかり、現在のテロ、そしてテロ撲滅という名のもとで行われているアメリカによるイラク戦争、これは地獄以外のなにものでもありません。

このような自と他とが対立する表層心のありようは、（阿頼耶識縁起の理によって）深層心である阿頼耶識に種子を植えつけます。「麁重縛」の麁重とは、阿頼耶識の中に植えつけられた種子、それも、自と他とを分別する思い、貪りや怒りといった煩悩を生じる種子をいいます。深層の阿頼耶識はそのような汚れた種子で束縛されている、というのが麁重縛の意味です。

現代でいうストレスも麁重の一種です。私たちの心の深層には、さまざまなストレスがたまっており、それによって深層から束縛されてしまい、自由自在に振る舞うことができません。

このように表層的にも深層的にもがんじがらめに縛られた状態から脱却するためには、前述した「無分別智の火」を燃やす以外には方法がないと唯識思想は強調します。

まず表層において、対象になりきり、行為になりきって、「相」の束縛から脱却し、その表層のありようが（これもまた、阿頼耶識縁起の理によって）深層の束縛を徐々になくしていくことになり、最後には表層的にも深層的にも心が浄化されて、自由自在な状態になると唯識思想は説くのです。

この唯識思想が説く、いわば科学的ともいえる因果法則、すなわち阿頼耶識縁起を信じて、それに則して、例えば、見るときは見ることに、歩くときは歩くことに、なりきり、なりきって生きていくならば、知らず知らずのうちに、より自由にこだわりなく生きることができるようになる「自分」に気づくことになります。

憎い人がいたら、憎い、憎い、憎いと、何百回も叫べ

なりきることの素晴らしさについて、印象に残ったお話を紹介します。以前、曹洞宗管長・板橋興宗《いたばしこうしゅう》師の法話をうかがったときのことです。

それは、「もし、憎い人がいたら、その人に、憎い、憎い、憎い、と何百回も叫んでみなさい。するとその人が憎くなくなるものだ」というお話でした。このお話は、私の心に強く熏《くん》じられ、その後、折にふれて、その法話を思い出しては、それを日常生活の中で活かすことにしてきました。

私は、若いときからジェットコースターが恐くて乗ることができませんでした。それが、

あるとき、この板橋師のお話を思い出して、勇気をふるって挑戦してみました。そして、乗っているあいだ、ずっと「恐い、恐い、恐い」と大声で叫びつづけてみました。すると、不思議と恐くなかったのです。

本当に、ある対象に、あるいは環境に〝なりきり、なりきった〟ら、その対象も環境も消えてしまうものです。もしそれが憎いものであれば憎さが、恐ろしいものであれば恐ろしさが消えてなくなってしまうものです。

ここで思い出すのが、良寛さんの次の歌です。

「災難にあう時節には　災難にあうがよく候　死ぬ時節には　死ぬがよく候」

なかなかこのような悟りの心境になることは難しい。でも、日常生活の些細なことでもいい、折々に、それになりきって、なりきることの素晴らしさを実感してみましょう。いつかは良寛さんの心境に近づくかもしれません。

第六章

牛に乗って家に帰る（騎牛帰家《きぎゅうきけ》）

第六図

「騎《き》牛《ぎゅう》帰《き》家《け》」

牧人はおとなしくなった牛に乗って家路につきました。牛の堂々とした暖かい背中を感じつつ、楽しげに横笛を吹きながら……。

第六図「騎牛帰家《きぎゅうきけ》」における問い

牛に乗っているとは
なにか。
楽しげに横笛を
吹いているとはなにか。

普遍的ないのち

第五図では、牛は牧人のすぐ横にはいましたが、牛と牧人とは離れていました。それが第六図では、牧人は牛にまたがり、牛の背にじかに触れるようになりました。

ついに、探していた牛（＝真の自己）と自分自身とが触れ合うことができたのです。そういう意味でこの「騎牛帰家」の段階は、大きな転換点になるとも考えられます。

彼は、暖かくて堂々とした牛の背にまたがり、牛を依《よ》りどころとして家路についています。

そのように、私たちも、なにかを「依りどころ」として生きています。例えば、子供のときは両親を、青年期には恋人を、結婚すれば夫や妻を、そして老後には子どもを依りどころとして生きていきます。また、現代に生きる私たちは、「快適」や「便利」という価値観を依りどころとして生きています。

しかし、そのようなものはすべて外的なもの、無常で移ろいやすいものであって、安心して生きていくことができる「真の依りどころ」ではありません。「真の依りどころ」とは、牧人がまたがっている牛のように暖かくて堂々としたものです。

ずっと探してきた牛（＝真の自己）を依りどころと思える、ということは、すなわち、真の自己の中に依りどころがあることに気づいた、ということになります。しかも、決して揺るぎない、笛を吹きたくなるほど喜びを与えてくれる依りどころ……。私は、それはすなわち、第六図で、牧人が直接触れることのできた「普遍的ないのち」であると、解釈したい。「普遍的ないのち」とは、「根源的ないのち」から流れ出た、ありとあらゆる生命体に遍在する「いのち」です。それは、力強く、そして柔らかく、自己の根底にあって、生きるエネルギーと歓喜とを生み出す根源です。

牧人は、個を通して「普遍的ないのち」に触れて、歓喜して楽しげに横笛を吹いているのです。

あとで言及しますが、この「普遍的ないのち」は「不可思議ないのち」です。生命とは不思議なものです。生きている、否、生かされているということは、驚異です。

二億の精子のただ一つが次のいのちになる不思議さ

ここで「いのち」を支える身体の驚異的な不思議さを考えてみましょう。だいぶ以前ですが、ＮＨＫが放映した『驚異の小宇宙・人体』というシリーズ番組を見たときの感想を述べてみたいと思います。

とにかく、驚きと感動の連続でした。特に第一集「生命誕生」の中での精子と卵子との受胎の場面には大きなショックを受けました。

二億もの精子が一つの卵子に向かって激しい競争を繰り広げます。その結果、卵子に近づいた頃には、その数がすでに百に減り、最後の最後、そのなかの一つが卵子の中に突入します。その瞬間に、卵子の細胞膜の表面にカルシウム波が走って変化を起こし、第二の精子の侵入を阻止してしまいます。生命が誕生する瞬間の驚くべき出来事です。

二億もの精子の中のただ一つの精子が最終的勝者となって〝自分〟の遺伝子の半分を構成する要素となるという事実も、これまで話には聞いていましたが、このように鮮明な、しかも世界で初放映の映像を眼の前にすると、「〝自分〟とはなにか」とあらためて深く考えさせられてしまいました。

「〝自分〟は、たまたまの縁によって生まれてきた」という事実を教えられました。一つの精子が卵子にたどり着かなかったら、いまの〝自分〟は存在しません。また、もしも二番めの精子が一番に到達していたならば、いまの〝自分〟とは全く違った人間になっていたかもしれません。私が男性でなく、女性として生まれていた可能性もあったのです。まったく不思議なことです。〝自分〟の意図とは無関係に〝自分〟の生誕とありよう（男か女か、というありよう）とが決定されたのですから。

他の力のみで〝生かされた自分〟

もちろん、精子に、そして卵子に、なんらかの意志があった、といえるかもしれません。しかしそれは想像にすぎず、たとえあったとしても、私たちが日頃、〝自分〟のなかに起こす、いわゆる意志というものとは程遠いものです。

たとえ精子に意志があったとしても、その意志を〝自分〟の意志ということができるでしょうか。〝自分〟が生まれる以前の〝自分〟を構成することになる〝半分〟のもの、それが精子であるのですから。

「〝自分〟はたまたま縁によって生まれてきた」という自覚こそ、仏教の鋭く「無我」を理解する第一歩になると私は考えます。

生まれようとして生まれてきたのではありません。気がついてみたら、この世に人間として投げ出されていたのです。

〝自分〟というものがあり、その〝自分〟の意志に基づいて、〝自分〟の「思いどおりに」、この世に、この時代に、しかも人間として生まれてきたのではありません。

いま述べた〝自分〟の「思いどおりに」という言葉の意味するものがなんであるかを深く考えてみることが大切です。

〝自分〟というものが存在する、と私たちは普通に考えています。そして、そのような〝自分〟は、なんらかの意志をもち、その意志に基づいて〝自分〟の行動を、〝自分〟のあり方を規制し、統御していると考えています。思いどおりに〝自分〟を操れる、そういう〝自分〟があると思っています。

でも、はたして、そういう〝自分〟というものは存在するのでしょうか。

いま述べたように、生まれてくる過程においては、そういう〝自分〟はありませんでした。〝自分〟の意志とは無関係に生まれてきたのですから。

生まれてくる過程だけではありません。いま生きている一瞬一瞬においても〝自分〟の意志とは関係ない生の営みが行われています。

「知る」ということが、「知」であるか、「智」であるか

NHK放映の『──人体』第三集で、これまた驚くべき事実を知らされました。それは、

強いアルコールを飲むと胃の表面の粘膜の細胞が破壊されて消滅しますが、残った細胞の断片どうしが協力し合って、ものの一時間もたたないうちに元の状態に細胞を再生してしまうという事実です。

〝自分〟の及び知らない力がはたらいて、〝自分〟という生命が維持されているのです。

胃の粘膜においてだけではありません。心臓にしても、肝臓にしても、ありとあらゆる内臓器官に対して〝自分〟の意志とは無関係な『他の力』がはたらいて、〝自分〟の生命が存続しているのです。本当に、他の力によって生かされた〝自分〟なのです。

右の記述の中では、あえて〝自分〟としました。ところで、ここまで読んできた人は、この〝自分〟というものは、非存在であり、あるのは「他の力」のみであると気づいたことでしょう。

前に(52ページ)、「自分の手」という問答を通して〝自分〟とは言葉の響きがあるだけであるということを確認しましたが、いまは、科学的な知識を根拠として、やはり〝自分〟は存在しないということを理解しました。仏教的にいえば、無我であると知りました。

問題は、この「知る」という内容が「知」か「智」か、どちらであるかということです。

もちろん、この「騎牛帰家」の牧人は、すでに長い禅の修行によって、〝自分〟という言葉と思いとが深層から希薄となり、「いのち」そのもの――「普遍的ないのち」そのもの――が、心の中に鮮明に現れてきたといえるでしょう。くっきりと実像として居坐っていた個としての〝自分〟という存在が、徐々に影像となり、そして最後にはまったく消え去って、「普遍的ないのち」そのものが、心の中に輝き出たのです。

このように、広くいえば、「個を通して普遍が顕現してくる」、これが「十牛図」における牧人の歩みゆく過程であるといえるでしょう。

世界で最も大きな不思議は「自分」の存在だ。感動は、自分の〝内〟にある

次に、楽しげに横笛を吹いている姿がなにを表しているかを考えてみましょう。

現代は、感動することが少ない時代であるといわれています。それは感動の対象を外に求めるからです。

そうではなくて、内に、この「一人一宇宙」の中に、感動を求めようではないか。――横笛を吹きながら楽しげに家路についている「騎牛帰家」の牧人は、そのように私たちに語りかけてきます。

感動する出来事は、実は、身近なところにあります。

なぜ「いま」「ここ」に「自分」は生きているのか、生かされているのか。決して説明できません。不可思議な出来事です。でも、ただ、ただ、その不可思議な事実になりきるとき、えもいわれぬ驚きと感動とが湧き出てきます。「ワァー、生きているぞ」と叫びたくなります。

朝、目を覚ます。すると、一人一宇宙の「宇宙」がビッグバン的に開闢《かいびゃく》します。いわゆる〝宇宙〟といわれるものは、百四十億年前に〝ビッグバン〟したかもしれませんが、私たちはそれを情報として知っているだけです。しかし、一人一宇宙の「ビッグバン」は各人が毎朝、具体的に自ら経験する事実です。

毎朝、目覚めます。そして眼が見えます。この「眼が見える」ということに、私たちは普段は、当たり前のこととして、特になにも関心を示しません。しかし、ここでいま、眼が見えるということに観察と思索を向けてみましょう。

眼を開けると、窓越しに山々が見えます。よくよく考えると、山が見えるということは、なんと不思議なことではないでしょうか。なぜなら、山々は、つきつめれば、分子・原子から成っている「物」であり、それを見る眼もまた、角膜《かくまく》・水晶体《すいしょうたい》・網膜《もうまく》などから、言い換えれば細胞から、つきつめれば、分子・原子から成り立っている「物」です。

この「物」と「物」との二つが、相対して向かい合うとき、そこに視覚（見るというはたらきをするもの）という「心」が生じます。「物」と「物」との対峙から「心」が生じる。これはなんと不思議なことか！

しかし、なぜそこで「心としての視覚」が生じるのかわかりません。そのメカニズムを解明することは、私たち人間には決してできないでしょう。ただ、ただ、そうであると認めざるをえません。

でも、あえて仏教の術語を用いれば、「そこに縁起の理がはたらいているからである」と説明することができます。「縁起の力は甚深《じんじん》なり」と説かれます。甚深とは、人間の知性では計り知れないという意味です。

とにかく、「いのち」の一つの顕現である「見る」という視覚を一つの対象として観察し思索するとき、見るということは、なんと不思議なことか、驚くべきことか、と自覚することになります。そのように自覚するとき、そこに「新しい自分」が現れます。

なにか神秘的なものを不思議と思ってもいい。しかし、いちばん身近なこの「自分」がなんと不思議な存在であることか——。これに気づくとき、だれしも感動の念を禁じえません。その感動は、喜びとなり、自分探しへの情熱をますます強めていきます。

第七章
ひとり牧人はまどろむ（忘牛存人《ぼうぎゅうそんにん》）

第七図

「忘牛存人《ぼうぎゅうそんにん》」

とうとう牧人は自分の庵に帰り着きました。牛を牛小屋に入れてほっとした牧人は、庵の前でのんびりとうたた寝をしています。静寂の中、安堵の気持ちにひたりながら……。

第七図「忘牛存人《ぼうぎゅうそんにん》」における問い

牛がいなくなった
とはなにか。
まどろんでいる
とはなにか。

否定の否定（二重の否定）――空じ、空じきっていく

第七図では牛が消えてしまいました。

もちろん物語としては、牛は牛小屋に入れられたのですが、具体的な牧人のありようからすれば、牧人と牛とが同化して一つになったといえるでしょう。たしかに、初めて牛を見た「見牛」の段階から、牧人と牛との距離は徐々に縮まり、「騎牛帰家」では両者は触れ合っています。でも、まだ、両者は別体です。

ところが、「忘牛存人」に至って、両者は合体しました。それは、「新しい自分」を見つけた牧人が、質的に変化して「真の自分」になりきったことを意味するといえるでしょう。$2H_2+O_2 \rightarrow 2H_2O$ という化学式が示すとおり、水素と酸素とが合体すると、そこにまったく質的に変化した水が生じるように……。「牧人」と、それまで対象として見えていた「新しい自分」とが合体して、そこに「真の自分」そのものになりきった牧人が現成したのです。

ここでこれまで論じてきた「自分」を整理してみると、自分は次の三種に分かれます。

① 偽りの自分
② 新しい自分
③ 真の自分

牧人は③の「真の自分」になるまでに、二重の否定を行っています。すなわち、まずは、「偽りの自分」を否定して「新しい自分」を発見しました。そしてその「新しい自分」をもまた否定して、最終的に「真の自分」になったのです。

この二重の否定、これこそが修行において、また広く生きる中で、非常に大切なことなのです。

ここでいう否定とは、執着を断ち切ることです。まず、「偽りの自分」への執着を断って「新しい自分」を発見しました。しかし、さらに「新しい自分」への執着をも断ち切って「真の自分」が現れました。

しかし、のちに述べますが、この「真の自分」に執着する限り、第七図「忘牛存人」から第八図「人牛倶忘」の世界へ、すなわち「空」の世界に飛び込むことはできません。したがって、牧人は、この「真の自分」をも否定する必要があるのです。

修行では、「人生を向上的に生きるには、否定の連続が必要になる」と広く説いています。「空」という語を用いるならば、牧人の牛探しの旅、自分探しの旅は、「空じ、空じきっていく」旅であるといえるでしょう。

一度死んでみよう

ここで次の数式に注目してみましょう。

A×(−1)×(−1)＝A

数式的にマイナスを二度掛けることによって二重の否定がなされています。そして、最初のAが、最後にまた同じAとして復活しています。

ここで、以前、大学の話し合いの授業で、ある学生から聞いた次のような話を紹介してみます。

自分が属している登山のサークルの仲間たちと、ある日、ハイキングを楽しんでいたとき、一人の先輩が、足をすべらせて、谷底に落ちていった。しかし、彼は運よく一メートルほどの下に突き出ていた木の枝につかまってぶらさがった。そこで、みんなで協力してどうにか彼を助け上げた。そして、彼は、側の石に腰かけてタバコをゆっくりふかしながら、「あー、おいしい！」と心の底からつぶやいた。

　いま、この話の内容を右の数式にあてはめて、Aを先輩が「生」きている状態とします。彼は、落ちて枝にぶらさがっているときは、もうだめだ、「死」ぬ、と思ったことでしょう。しかし、助けられてふたたび「生」きかえり、Aの状態に戻ったのです。しかし、彼のA、すなわち「生」は質的に大きく変わっていました。だからこそ、「あー、おいしい！」というつぶやきが口からもれたのです。

　このような体験は、なかなかできるものではありません。しかし、「十牛図」の牧人は、牛探しの旅、自分探しの旅の中で、死んでふたたび生き返るという体験をくり返してきたのです。だからこそ、あの学生が、ゆっくりとタバコの味を楽しんでいるように、牧人も庵の前で、のんびりとうたた寝ができるのです。

　だれしも、病気にかかります。そして、ときにはそれによって死ぬのではないかと恐れることもあるでしょう。そのときはこの、のんびりとうたた寝をしている「忘牛存人」の牧人の姿を思い出しましょう。そして、次の言葉から勇気をもらいましょう。

「若い衆や　死ぬがいやなら　いま死にやれ　ひとたび死ねば　もふ死なぬぞや」（白隠禅師《はくいんぜんじ》）

「災難にあふ時節には　災難にあふがよく候　死ぬ時節には　死ぬがよく候」（良寛）

真の静けさに憩う

二年前の冬に、一匹の野良の子猫が我が家の庭先に現れました。かわいそうだと餌を与えはじめました。はじめは私たちを恐れて近づきませんでしたが、だんだん馴れて、とうとう雪の降る日に家の中に入って餌を食べるまでになりました。それ以来、彼女（メス猫ですので、そう呼ぶことにします）は内猫となり、夜は家の中で寝、昼間は、ときには、家の前の原っぱを巡っているかもしれませんが、ほとんど、我が家のベランダで、じっと庭を向いて静かに寝そべっています。

そのような彼女の姿を見るにつけ、私は、彼女の心中はどうなっているのかと想像をはせることがあります。もちろんそれはわかりません。でも、彼女の動かず黙然とした姿から、彼女の心中は、人間の心中ほど、ざわめき波立ってはいないだろうと私は想像するのです。少なくとも、言葉であれこれと考える騒々しさは彼女にはないでしょう。

これに対して、私たち人間の心の中には、自と他、有と無、生と死、善と悪、好と嫌、などなど、枚挙にいとまがないほどの無量無数の言葉の嵐が吹き荒れています。

しかし、第七図の牧人には、そのような言葉の嵐はありません。

特に「生」と「死」という言葉のざわめきはまったくおさまっています。

だから、たとえ彼を起こして「この前の検査で、あなたは、末期のがんにかかっていることが判明しましたよ。余命いくばくもありませんよ」と告げても、それを聞き流して、ふたたびうたた寝の世界にもどっていくのです。なんと素晴らしい心境ではないでしょうか。

このような牧人の静けさまではいかないにしても、私たちも、坐を組み、吐く息、吸う息になりきり、なりきって、しばしの黙然とした静けさを味わってみようではありませんか。

そのような静けさをくり返しくり返し深層の阿頼耶識に熏じつづければ、必ず来る〝死〟に臨んでも、あの牧人のように、平然とうたた寝をすることができるようになるのだ、ということを第七図から学ぶことができます。

不生不死の世界

ここで、私が仏教を学ぶ中で、ショックにも似た感動を受けた釈尊の言葉を紹介します。

それは、

「私は不生不死《ふしょうふし》の世界に触れた」

という言明です。生まれることも、死ぬこともない世界!

私は飛び上がらんばかりに、この不生不死という文字に見入りました。

釈尊は六年にわたる苦行のあと、今度は、ベナレスの菩提樹の下で、「無上正覚《むじょうしょうがく》を得ずんば、この坐を解かず」という不退転の精神で、坐を組み、禅定を修し、ついに、無上正覚を獲得し、道を完成した、成道したと言明しました。その悟りから「不生不死の世界に触れた」という言葉が発せられたのです。

坐禅を修するとき、「いま、ここ、になりきれ。いま、ここ、このこと、これで行くところまで行くのだ」と激励してくださる老師がいると前述しました（58ページ参照）。

この、行くところまで行く、そのような「ところ」が、釈尊が触れられた「不生不死の世界」であると考えたい。

序章でも書きましたが、牧人の牛探しの目的の一つに「生死解決」（＝自分の生と死を解決すること)がありました。釈尊は、菩提樹の下で大悟《たいご》徹底《てってい》されたときに、自らの死を根こそぎ解決されたのです。

「十牛図」の第七図「忘牛存人」の牧人も、もうほとんど釈尊と同じ心境に達したといえるでしょう。前述したように、うたた寝をしている彼を起こして、彼に「もしもし、この前の検査であなたは末期がんとわかり、もう余命いくばくもありませんよ」と告げても、かれは、「ああ、そう」といって、またうつらうつらと眠りにもどっていくのです。

仏教では阿羅漢《あらかん》という聖者を立てます。五百阿羅漢といわれるあの阿羅漢ですが、阿羅漢とは、自己への愛、自分への執着を断じきった人をいいます。牧人は第七図の段階で、阿羅漢になったのです。

釈尊の心境に、そして第七図の牧人の心境に達することは、容易ではありません。でも生も死もない世界が本来の世界であると信じて、牧人に負けずに、「いま、ここ」と念じつつ、新しい時空の世界、不生不死の世界に飛び込むことを目指そうではありませんか。

エゴ心の恐さ

牧人はのんびりとうたた寝をしています。しかし、彼は、起きて、為《な》さねばならぬ大事が待ち受けているのです。

「実るほど、頭《こうべ》を垂れる稲穂かな」という有名な言葉があります。秋に稲穂は実るにつれて自然に垂れ下がってきます。それと同じく、人間も充実すればするほど頭を下げて謙虚になるべきであるということわざです。しかし、その人がもつエゴ心が逆にその人の頭を持ち上げることがあります。

例えば、若くして国会議員に当選して、情熱に燃えて人びとの幸せのために政治に取り組もうとしていた人が、先生、先生と持ち上げられるにつれて、腕組みをして上から見下ろすようになるというようなことが多く見受けられます。会社のなかでも課長、部長、社長という地位に負けて、そのような人が多くいることでしょう。

それは、世間においては許されるかもしれませんが、修行の世界、牛探しの世界では、許されません。

禅の世界で、よく「野狐禅《やこぜん》」ということがいわれます。狐が人をだますように、悟ってもいないのに悟ったと傲る人のことを非難していう言葉です。

だますことはしないまでも、心境が高まるにつれて、「自分はすごくなったのだ」と傲る人をよく見かけます。

「忘牛存人」の牧人は、もちろん、そのようなことはないでしょうが、しかし、そのようになる可能性は深層の阿頼耶識に種子としてもっています。だから、万が一、もしも「自分はなんと素晴らしい心境に達したことか」と悦に入るならば、せっかく第七図まで進んだ牧人も、逆もどりして、第一図の「尋牛」からも飛び出てしまう、といわれます。

牧人は、そのような可能性をなくすために、深層の阿頼耶識に潜むエゴ心という微細な煩悩の残滓《ざんし》を払拭《ふっしょく》する必要があるのです。牧人にはそのために大変な努力精進が要求されるのです。

ダイヤモンドのような禅定（金剛喩定）

私は、三十歳代の半ばで、はじめてインドの仏跡巡りをしました。

もちろん釈尊が成道されたブッダガヤーも訪れ、あの高い仏塔の横にある菩提樹に詣でました。そして、私は、あのアショーカ王が造ったといわれる金剛法座を見たとたんに、ひれ伏し法座に額をつけて三拝しました。ここで、釈尊が悟られたのだと思って感極まったからです。

なぜ「金剛」法座といわれ、あの場所に置かれているかわかりますか。釈尊が、あの菩提樹の下で、最後の最後、すべてを打ち砕くダイヤモンド（金剛）のような強力な禅定を起こし、深層の阿頼耶識に潜むエゴ心という微細な煩悩の残滓を払拭して、無上正覚の世界に超出されたことを記念して置かれているのです。

「忘牛存人」の牧人にも、釈尊と同じく、深層の阿頼耶識に潜むエゴ心という微細な煩悩の残滓を払拭するために金剛喩定《こんごうゆじょう》を修する必要があるのです。

そのためにはどうすればよいのでしょうか。

ここでもう一度、あの白隠禅師の次の言葉に耳を傾けてみましょう。

「若い衆や　死ぬがいやなら　いま死にやれ　ひとたび死ねば　もふ死なぬぞや」

牧人は、よし、一度死んでみようと、死ぬ覚悟で修行を続ける。頑張り、もう身心の極限にまでいく。もうだめだ、と思う。

だが、そう思う個としての〝自分〟さえなくなったとき、「普遍的ないのち」が根源から突き上げ噴き出てくる。
いわば宇宙的な意志の力で「よーし、もうどうなってもいい!」と一歩踏み出す。
その次の瞬間に、「空一円相」の世界に突入するのです。

第八章　真っ白な空
（人牛倶忘《にんぎゅうくぼう》）

第八図
「人《にん》牛《ぎゅう》倶《く》忘《ぼう》」

うたた寝をしていた牧人が突然いなくなりました。あるのは、ただ空白だけ。牧人になにが起こったのでしょうか。

第八図「人牛俱忘《にんぎゅうくぼう》」における問い

空白とはなにか。

「ゼロの自分」

牧人は、ダイヤモンドに比せられる強力な禅定力で、最後の最後まで残った微細な煩悩、エゴ心の残滓を、焼き切りました。

その瞬間に、第八図の「人牛倶忘」「空一円相」の世界に飛び込んだのです。それは、まさに一瞬の出来事です。息を入れてどんどんと膨らませていった風船球が、極限まできて、一瞬にパーンと破裂するような出来事です。

それは、牧人のそれまでの「一人一宇宙」が破裂して「全宇宙」に変貌したことを示しています。内と外とを隔てていた境《さかい》が消えて、「二」が「全」となったのです。

あえて「自分」という言葉を使うならば、人も牛も消えてなくなった第八図では、第七図で現成した「真の自分」も消え去って「ゼロの自分」になったといえるでしょう。

牧人も、あの釈尊が菩提樹下で獲得した無上正覚と、同じ覚悟をなしとげたのです。もうこれ以上のすぐれたものはない最高の心境に至ったのです。

その心境が「十牛図」では、空白な丸い円で描かれています。「人牛倶忘」が別名「空一円相」といわれる所以《ゆえん》です。

この「空一円相」といわれる「空」とはなにか。これについて考えてみましょう。

人間が発する疑問詞のなかで、「なに」「なぜ」「いかに」の三つが根本です。仏教はこの三大問いかけに対して、簡潔にいえば、次のような言葉で答えます。

「なに」に対しては、「無我」「空」。

「なぜ」に対しては、「縁起」。

「いかに」に対しては、「菩薩行」。

縁起についてはすでに言及しましたし(69〜72ページ)、菩薩行については第十図で述べますのでここでは省略して、「なに」に対する答えである無我と空について考えてみます。

自分とは、事物とは、自然とは、宇宙とは「一体なにか」――。これこそが人間が発する、強くいえば、発すべき根本の問いかけです。「十牛図」の牧人もこの問いかけをもって牛探しの旅に出かけたのです。

この問いかけに対して、仏教は「無我である」「空である」と一言で答えます。

無我すなわち「我は無い」とは、もともとは、自分は存在しないという意味でしたが、次第に視野が自分以外のものへも広がり、前述した自分・事物・自然・宇宙などのありとあらゆる存在は「存在しない」という考えに発展しました。

この「無我」は、また「空」という言葉で言い換えることができますが、この空という考えは大乗仏教になって、特に「般若経」群の中で強調されるようになりました。唯識思想も、この流れの中にあり、「空」こそがすべての存在の究極のありようであると強調します。

したがって、自分・事物・自然・宇宙などは「空」なのです。「ゼロ」なのです。

不可思議な空(ゼロ)

いま、ゼロといいましたが、実は「空」と訳されるサンスクリット語のシューンヤ(śūnya)は、数学でいうゼロを意味します。

仏教は「一体なにか」という問いに対して、数学用語のシューンヤを用いて「すべてはゼロである、空である」と答えるのです。キリスト教では「神が造り給うたもの」と答えるでしょう。インドの仏教以外の学派でも世界創造神として梵天《ぼんてん》や大自在天《だいじざいてん》を立てますが、釈尊は、そのような神々の存在を強く否定しました。

すべては空である。

では「空」とはどのようなこと、どのようなものであるのか。

この問いに対して、〝紙の表面に立脚して答える答え方〟と、〝紙の裏面にもぐって答える答え方〟という二つの答え方があります。

まず、紙の表に立って答えますと、非有非無であると答えることができます。非有非無についてはすでに述べましたのでその箇所を参照してください（81〜86ページ参照）。とにかく「空とはこれこれである」と言葉でもって説明する答え方です。

あとで言及しますが（161ページ参照）、空を体験した人の歌もやはり言葉で詠われていますからこの答え方の一つです。

これに対して、紙の裏にもぐって答える答え方は、なにも語らず沈黙している答え方です。または、あえて言葉でいうならば、「空とは、言葉では表すことができない、不可思《ふかし》議《ぎ》、不可《ふか》言説《ごんせつ》、言忘慮絶《げんぼうりょぜつ》なものである」と答える答え方です。

不可思議（思うことも語ることもできない）、不可言説（言葉で説くことができない）、言忘慮絶（言葉も忘れ、思いも途絶えている）、これらは、いずれも私たちの思考をはじき飛ばしてしまうような表現です。

でも、見方を変えてみましょう。

このような表現に負けてはならない。逆に、これらの言葉は、自ら空をつかめ、空になれ、空を悟れ、と私たちをあたたかく励ましてくれる慈悲から発せられた言葉であると受けとめてみてはどうでしょうか。

全宇宙とつながった自分

私の友人の北山喜与《きたやまきよ》さん（NPO法人・人間性探究研究所・理事長）は「食べる瞑想」という変わった禅を普及しています。

その瞑想は、お米だけのおにぎりを一口一口かみしめながら、おにぎりになりきって食べてもらう、ただそれだけのことですが、「お米のご飯だけで、これほどおいしいとは思わなかった」「おいしく味わうことができるのは舌のおかげである、いや、舌だけではない、この身体のおかげである。身体の素晴らしさ、神秘性に気づかされた」などの感想が寄せられるそうです。いままで見過ごしていたことに気づく——、これが「食べる瞑想」の目的だそうです。

気づくことは悟りに至る第一歩です。いま、なりきって食べることから、なにに気づくかをもう少し考えてみましょう。

仏教の根本思想の一つに「縁起の故に無我である」、すなわち、「〝自分〟は多くの縁から生じたものであるから、〝自分〟は存在しない」という思想があります。いま、ここで、「食べる」ということを、静かな心、禅定の心で観察し思索して、この教理が事実であることを確認してみましょう。

また、お米のご飯を例にとりましょう。ご飯を「おいしかった」といただく。舌の上で味わった、この「おいしかった」という一つの「味」は、なにが原因で、どのような縁でこの〝自分〟のなかに生じたのか、その縁を考えてみます。まずは、この舌からはじまって、神経、脳、(途中の存在を省略して)、ないし、身体を構成する「六十兆の細胞」が縁となっていることはわかるでしょう。

眼を外に向けてみましょう。お米の粒、それを作ってくれた農家の人びとの農作業、種《たね》を植えた大地、そして水、ないし、太陽の存在、などなどが縁となっています。また、〝自分〟がいまここにこうして存在し、ご飯の味を楽しめるのは、家があり、大地があり、地球があり、太陽があり、銀河系があり、多くの星々があり、(途中の存在を省略して)、ないし、光に近い速度で膨張しつづけている百四十億光年先の「宇宙の果て」があるからです。

次に、時間の流れの中における〝自分〟を考えてみましょう。この〝自分〟のいのちは、まちがいなく、三十六億年前に、地球のどこかで生じた「根源的ないのち」とつながっています。そのいのちから展開した、単細胞のいきもの、多細胞のいきもの、動物、哺乳類、類人猿、チンパンジー、人、（途中の存在を省略して）、ないし、両親、両親の「精子と卵子」、子宮、そして出生してからの人びとや、環境からの助け、などなどのお陰で、〝自分〟は、いまここにこうして、いのちある存在として生きているのです。

以上の観察と思索とを左に図としてまとめてみました。

一と全とはつながっていた

真ん中の丸で囲んだ〝自分〟は、このように、無量無数の縁である〝他の力〟によって、いまここに生きているという事実を確認しました。

ここでもう一度、この図を前にして深く心をはたらかせてみましょう。

すると、存在するのは、ただこれら「他」の存在、「他」の力だけであって、「自」と呼ばれるもの、すなわち丸で囲んだ〝自分〟は、存在しない、すなわち無我である――ことに気づきます。そして、そのように気づき、自覚したとき、そこに「新しい自分」が現成

◎〝自分〟と〝他の力〟

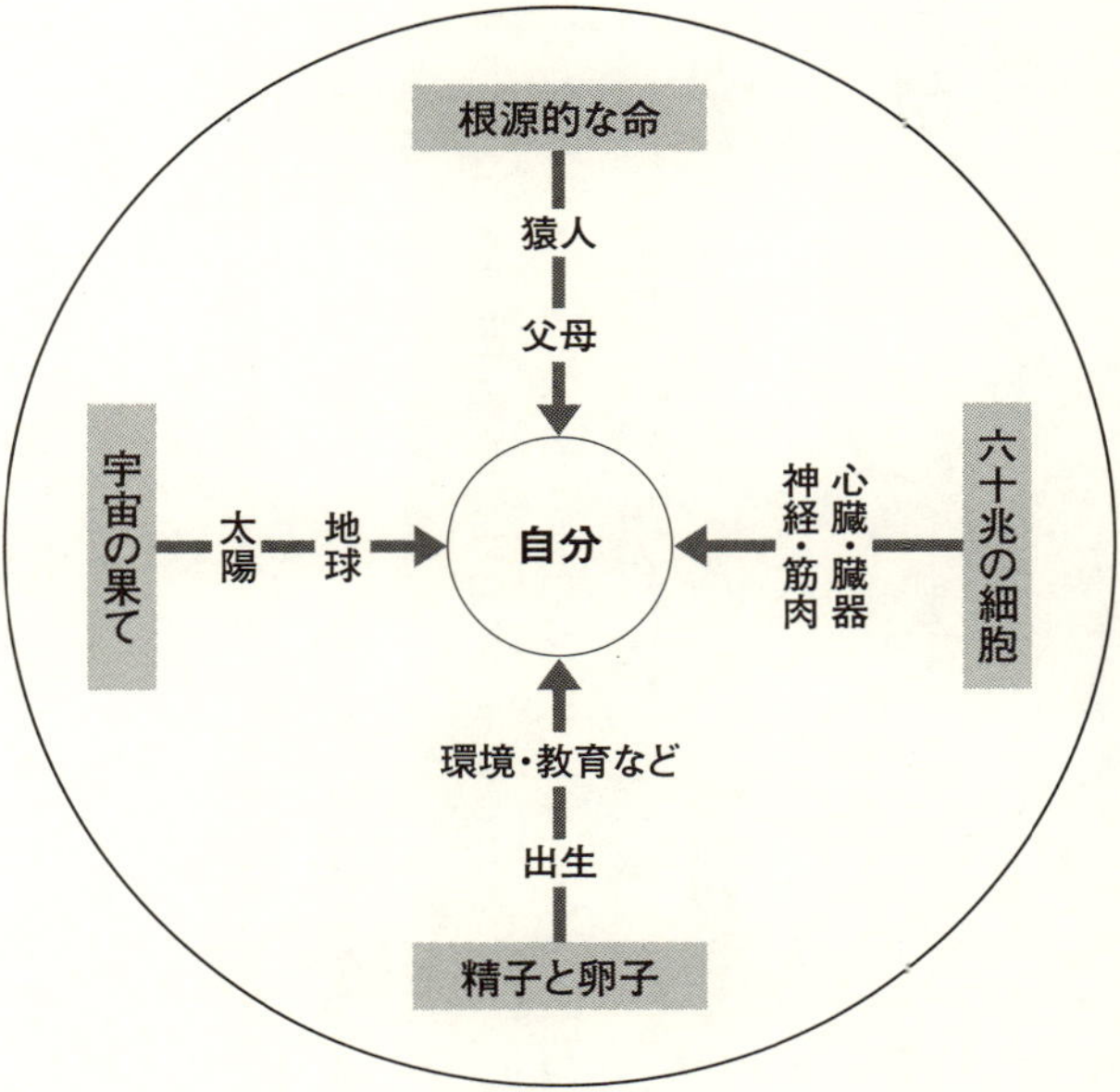
根源的な命
猿人
父母
宇宙の果て
太陽
地球
自分
心臓・臓器
神経・筋肉
六十兆の細胞
環境・教育など
出生
精子と卵子

したことを確認しましょう。その「新しい自分」は、いままで見過ごしていた事実、すなわち、「自分」は宇宙のすべての存在とつながっているという事実……を知ることになったのです。

このように、一つの〝味〟という視点から出発して、それが、なんと全宇宙とつながっていることがわかりました。いま、私たちは、以上のような観察と思索とを通して、「一」が「全」と関係していることがわかりました。

でも牧人は、これらのことを頭で理解したのではありません。

前述したように、牧人にとっては、それまでの「一人一宇宙」が破裂して「全宇宙」に変貌したのです。内と外とを隔てていた境が消えて「一」が「全」となったのです。〝一が全であることを知る〟ことと、〝一が全に成ること〟とは相違します。私たちも、できれば「知る」だけではなく、「成る」ことを目指したいものです。

「空」を体験した人の歌

ここで、空を体験した人の言葉を紹介してみます。

風は息、虚空《こくう》は心、日《ひ》は眼《まなこ》、海山かけて我が身なりけり。

(『禅林世語集《ぜんりんせごしゅう》』)

これは私の深層に熏じつけられた歌です。

私は、三十歳代から、縁あって東京の東久留米にある一九会《いちくかい》道場（坐禅と禊《みそぎ》とによる修行道場）で禊の修行に参じてきました。三日間の修行の最後に、いつも私たちを指導してくださる道場長の日野鐵叟《ひのてつそう》先生が神殿の前で朗々と吟じられたのがこの歌です。私の心が修行で清められたこともあってか、その先生の吟詠が、私の心の奥底にまでしみ込みました。

風も虚空も日（太陽）も、そして海山も、すべて自分の身であるという歌、なんと素晴らしい悟りを詠った歌ではないでしょうか。できれば一瞬でもいい、そのような体験をしてみたいものです。

もう一つ。

仏道をならふといふは、自己をならふ也。自己をならふといふは、自己をわするるなり。自己をわするるといふは、万法に証せらるるなり。

(道元『正法眼蔵《しょうぼうげんぞう》』現成公案)

これは道元禅師の有名な言葉ですが、自己を忘れきってすべての存在（万法）に証せられるとは、例えば、私がいま禅を指導していただいている千葉県館山の能忍寺の住職・山《やま》口博永《ぐちはくえい》師に語っていただいた「まわりに降りそそぐ雨の水滴すべてが、そこに落ちるべくして落ちたことがわかる」という体験ではないかと思います。

〝自分〟が存在すれば、その〝自分〟が見聞する範囲にしか認識が及びません。でも、〝自分〟がまったく忘れられ、無くなったときは、すべての存在に認識が及ぶことになりますから、まわりのすべての水滴の音を聞くことになるのです。これもまた、一瞬でもいい、体験してみたい心境です。

第九章　本源に還る

（返本還源《へんぽんげんげん》）

第九図

「返本還源《へんぽんげんげん》」

空《くう》の世界からふたたび自然がもどってきました。牧人の中に根本的な変革が起こったのです。牧人は自然のようにすべてを平等視して生きることができるようになりました。

第九図「返本還源《へんぽんげんげん》」における問い

本源とはなにか。
美しい自然とはなにか。

人間の本来の心は、清らかで美しい

第八図で牧人は本源に還《かえ》りつきました。その本源に還った牧人のはたらきを喩えたものが第九図の「返本還源」です。

あたり一面、真っ白な雪でおおわれた風景を見ることは気持ちのいいことです。その真っ白な清らかな雪に、なりきり、なりきって見つつあるときは、見る心も清らかですし、同時に、深層の心も清らかに浄化されていきます。

清らかで真っ白な心、これを仏教では、「自性《じしょう》 清浄心《しょうじょうしん》」といいます。牧人が還りついた本源とは、この自性清浄心だったのです。

自性とは、「本来的には」という意味で、自性清浄心とは「本来的には清浄な心」という意味です。

たしかに、私たちの心は、貪りや怒りや無知といった煩悩で汚れています。しかし、それは、例えば鏡の表面のように、塵や埃がついて汚れていても、それをぬぐえばもとの清らかな鏡になります。それと同じように、私たちの心の煩悩は塵のようなもので、もとの心は清らかであるというのが自性清浄心という考えです。

江戸時代以後の葬式仏教の影響で、仏教はなにか暗いものであるという印象がもたれるようになりましたが、それは誤解であって、仏教はもともと明るい人間観をもっているのです。

牧人は煩悩を払拭してもとの清浄心という本源に還ったのです。そこを「返本還源」といいます。

第八図の「空一円相」に見入ってください。空白です。純白です。塵一つ、汚れ一つもありません。一人一宇宙からすべてが空じられ、がらーんとなったのです。自分の心の本源は純白でがらーんとして真っ白で清らかであるということに、そしてさらに、第九図「返本還源」の美しい自然に見入って、自分の心の本源は花鳥風月のように美しいということに思いをはせましょう。

その思いは、付着した汚れを少しでもぬぐいさってくれることでしょう。

自然《しぜん》と自然《じねん》

自然という漢字には「しぜん」と「じねん」という二つの読み方があります。明治以後、nature というヨーロッパ語が入ってきて、それを自然と訳したのですが、それまでは、

「自然」という字は「じねん」と読み、人間のはからいをはなれた「自《おの》ずから然《しか》り」という「もののありよう」を意味する言葉でした。

例えば老子の唱える「無為自然《むいじねん》の道《どう》」、仏教でいう「自然法爾《じねんほうに》」などの言葉の中に使われています。

しかし、自然《しぜん》と自然《じねん》とは、大いに関係しています。山や川、さらには植物をも含めた自然《しぜん》は、「自ずから然り」というありようをしているからです。

本当にそうです。雪の積もった冬の寒い中、よく見ると木々にはすでに葉のかわいいつぼみが芽を出しています。そして春になると一斉に新緑が、そして美しい花々が開きます。そこには、人間のはからいや分別や思いはまったくありません。

第九図の「返本還源」に美しい自然が描かれているのは、第八図の「空一円相」を通過した牧人は、自然《しぜん》のごとくに自然《じねん》に生きることができるようになったことを喩えているのです。

自然《じねん》に生きることの難しさ

第八図の空一円相を通過した牧人は、自然《しぜん》のように自然《じねん》に生きることができるようになりましたが、私たち凡夫は、なかなかそのように生きることはできません。

なぜなら私たち人間には、言葉や思いがあるからです。だから、〝自然《しぜん》〟のように、〝自然《じねん》〟に生きるためには、その言葉や思いをなくしてしまえばよいのです。

しかし、人間にはそれは非常に難しいことです。なぜなら、幼児のときからいままで、毎日、毎日、もう無量無数の言葉と思いを発してきました。だから、それらが深層の阿頼耶識に、いわば種子を植えつけ、阿頼耶識は言葉と思いの種子で溢れんばかりに一杯になっています。そのありさまは、やかんの中で沸騰するお湯のようです。だから、お湯が噴き出るように、四六時中、ああだこうだと考え、あれこれと思い、心は波打つ水面のごとくです。

このような状態では、到底、自然のように生きることはできません。

心の中に現れる満月

唯識思想では、人間には煩悩障《ぼんのうしょう》と所知障《しょちしょう》という二つの障害があると説きます。

このうち、煩悩障とは、貪りや怒りや無知などの煩悩という障害です。煩悩が生じるのは、そこに、〝自分〟というものを立てて、それに執着して、「自分は、なになにが欲しい」「自分はあの人が憎い」などの煩悩を生じることになります。

もう一つの所知障とは、所知、すなわち「知るべきもの」を知ることをさまたげている障害です。

ここでいう「知るべきもの」とは「究極の知るべきもの」を意味します。

唯識思想は、それを「真如《しんにょ》」という言葉で表現します。真如とは、サンスクリット語でタタター（tathatā）といい、如如とも訳されるように、「その如く」「ありのまま」という意味です。思いや言葉によって加工される以前の、しかも究極の存在の、その如くの、ありのままのありようを意味します。実は、第八図で問題とした「空」がこの真如のことだったのです。

この真如である空を知ることをさまたげているのが、言葉によって語られた「もの」です。例えば、自分という「もの」を対象として考えてみましょう。

すでに、自分という「もの」は言葉の響きがあるだけであるということを確認しました。そこで〝自分〟という言葉は捨てられ空《くう》じられました。しかし、次に、それは身と心という「もの」から成り立っていると考えます。しかし、身にしても心にしても、いずれも言葉によってとらえられた「もの」で、それも否定されるべきものです。

このようにして次々と否定をくり返し、否定の究極に、覆っていた雲が吹き払われて満月が出現するように、心の中に現れてくるもの、それが「真如」です。

以上の考察によって、私たちには二つの対象への執着があることが判明しました。一つは「自分」への執着、もう一つは「もの」への執着です（唯識思想では前者を「我執」、後者を「法執」といいます）。

私たちも、この二つの執着をなくすことによって、第九図の牧人のように、自然《しぜん》のように自然《じねん》に生きることができるようになるのです。

しかし、それは困難です。でも、あきらめることなく、いつか心の本源に還りたいと願って、第九図の美しい花鳥風月の自然に見入ってみましょう。

できれば山川草木の自然に触れる機会を多くもちましょう。心が洗われてきます。その洗われて清らかになった心は、また深層の心（阿頼耶識）に熏じて心を深層からますます清らかにしていきます。

自然から「わけへだてなく与える」ことを学ぶ

前述したように、「空一円相」を通過した第九図の牧人は、人間のはからいや分別や思いを離れて、自然《しぜん》のごとくに自然《じねん》に生きることができるようになりました。

しかし、私たち凡夫は、特に現代人は、なんと、はからいや分別や思いに汚れきっていることか。

その汚れきった人心の荒廃が、地球の滅亡につながる自然破壊を推し進めています。その自然破壊をくい止めるには、私たち人間は謙虚に自然から学ばなければなりません。

では、自然からどのようなことを学ぶことができるのでしょうか。

庭の、野の木々を観察してみましょう。よく見ると、寒い冬の間から、すでに枝々からは小さな可愛い芽のつぼみがのぞいています。それが春になると一斉に芽吹き、美しい新緑を呈してくれます。花々もそうです。そしてその営みはわけへだてがありません。だれにでも惜しみなくその美しさを見せてくれます。

太陽もそうです。一年中、倦《う》むことなく、昇り沈み、地上のあらゆるものへ、生きものへ、わけへだてなく、その光と暖かさとを降りそそぎ与えつづけています。まず自然から「わけへだてなく与える」ことの大切さと素晴らしさとを学ぶべきです。

人間はどうしても、他者を「怨（憎い人）」と「親（親しい人）」と「中（そのどちらでもない人）」とに分けて考え、親しい人には援助の手を差し伸べますが、憎い人とそのどちらでもない人にはそうしません。広くいえば、親しい人にのみ関心を示し、それ以外の人は視野の外に置いてしまいます。

例えば、あのアメリカという国の態度がそうです。世界で最も多くCO_2を排出しながら、自国の経済を優先するあまり、いまだ京都議定書を批准していません。いま、あえて「アメリカという国」といいました。アメリカ人の中にも、もちろんわけへだてなく与える慈善の人が多くいます。しかし、ある一国に所属していると意識するようになった人、特に一国を引っ張っていく政治家は、他国を、他国の人びとを、視野の外に置き、あるいは、ときには敵視して、戦争をも起こしてしまうのです。なんと嘆かわしいことか。

「たしかに私は一国の国民である。しかし一人の人間である」という自覚を、それも「清らかな心を本性とする人間である」という自覚を取りもどして、視野を広く全世界に向けてみようではありませんか。

自然のように「わけへだてなく与える」という精神こそが、破滅に向かう地球を救う最も力強い原動力である、と私は強く確信しています。

自然環境破壊の恐ろしさ

いま、「破滅に向かう地球」といいました。たしかに、いま地球上の大多数の人がこの不安を感じていることでしょう。

ここからしばらく、この問題について考えてみましょう。

山や川や木の自然《しぜん》も「自ずから然り」であり、人間の自然《じねん》も「自ずから然り」ですが、両者の「自ずから」（おのずから）というのはどう違うのでしょうか。

それは、前述したように、前者には人間がもつ人工的な要素や思いやはからいがないということです。

後者にはそれらがあります。例えば便利・快適を目的としてテレビ・クーラー・住宅を購入したいと思い、そのためにお金を稼ぐ。お金がないのに借りて購入し、ローン地獄に陥る人も大勢います。また、レジャーとして楽しむために、そして業者がそれを利用してお金を儲けるために、森林を伐採してゴルフ場を建設する。世界的規模で進む自然環境破壊は、おそろしく凄まじい勢いで進行しています。

植物は、CO_2を吸収し酸素を出して生きものの棲息に大きな貢献をしてくれています。ところが、あの広大なアマゾンにおいて、いま年間一万から二万五千平方キロの面積の森林が消失しているそうです。アマゾンの森林はもう数十年で完全になくなってしまうとのこと。アマゾンだけではありません。地球の熱帯雨林は、毎年、十七万平方キロ減少し、二年あまりで日本と同じほどの面積が消失しているそうです。

ブラジルだけではありません。

アフリカの熱帯雨林も同様です。なぜそのような愚行がなされるのか。それはあまりにも経済優先主義がはびこっているからです。アマゾンの森林伐採にしても、ブラジルは農業立国であるから、国の「経済」を農業にたよらざるをえないのです。中国やインドからの大豆の需要が急速に増えて、大豆を栽培する畑を確保するために森林が次々と切り倒されていっている、というわけです。

森林破壊だけではありません。

CO_2の排出による地球温暖化も多くの重大な問題を生じています。温暖化によって氷河や積雪が解けて海水面が上昇し、島国やアジアのデルタ地帯では毎年洪水の被害にさらされています。また干ばつの増加によって、世界各地で深刻な水不足が生じています。

人間への影響だけではありません。

このままのペースで破壊が進むと、この先、三十年間、一日に平均百種の生物が絶滅してしまうそうです。そしていずれは人類も……。

木は外界には存在しない。自然はみんなで作り出したもの

ところで、このような恐ろしい破壊の進行をどうすればくい止めることができるか。各国において、そして各国間で、その方策が探りはじめられています。気候変動枠組条約や京都議定書などの締結がそうです。

しかし、倒れそうな家の改造は土台から作り直さなければならないように、滅亡しそうな地球を改造するためには、破壊を推し進めている人間一人ひとりの意識を改革する必要があります。

「自然とは一体なにか」と心の中で自然を静かに観察し思惟して、自然に対する見方を変

◎唯識思想が説く〝自然観〟

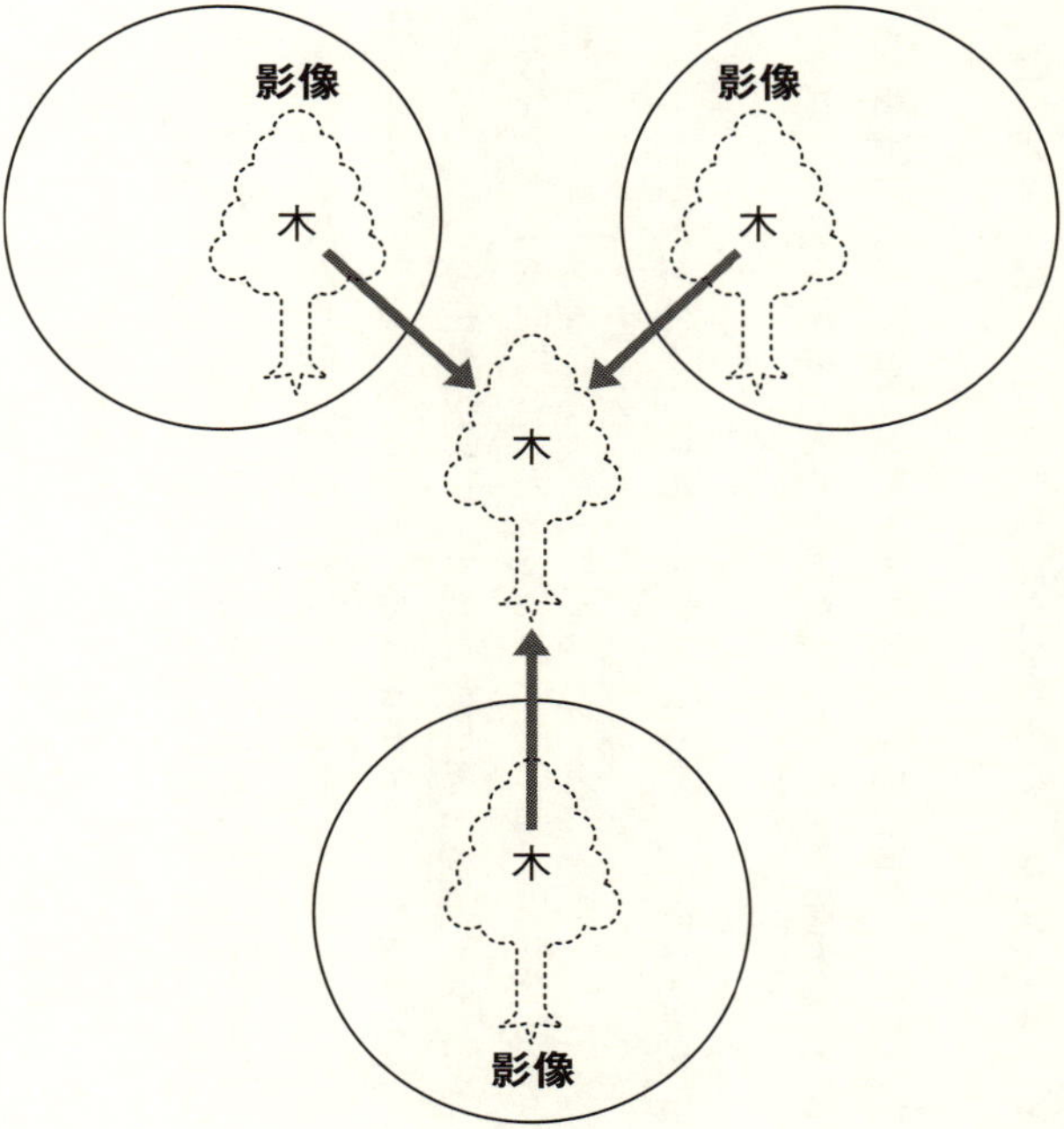

える必要があります。

その一つの方策として、唯識思想が説く〝自然観〟を検討してみたいと思います。

まず、一人一宇宙の外、各人の心の外に、「木」は存在しない……と唯識思想は主張します。これに対して、そんなの、とんでもない考えだと、ほとんどの人が反論することでしょう。でも、ここでも静かに禅定の心で観察し思索してみましょう。

庭にある一本の木を三人が見ているとします。そして、三人が「あそこに木があるね」と言葉で語り合って、木の存在を確認します。しかし、一本の「木」が、三人の外界に客観的にあるのではなく、あるのは、三人それぞれの心の中に現れた影像としての〝木〟です。

一歩ゆずって、一本の木が外界に植わっているとしても、三人が実際に見ているのは、心の中の影像です。

「木は、林は、そして自然全体は、人間みんなで作り出すものであり、各人の心の中の存在である」という事実に気づくとき、これまで抱いていた自然への見方が大きく変わってきます。

「人間みんな」といいましたが、そこに動物をも含めるべきでしょう。生きものみんなで作り出す自然、生きものが棲息する自然。……そのような貴重な生きものの住居を破壊してしまう人間の行為は、計り知れない大罪を犯しているといっても過言ではないでしょう。

「物」は、心の外に存在するか。——量子力学の存在観

自然を問題としてきましたが、ここで、物すなわち物質というものについて、広く考えてみましょう。

物質文明の真っ只中に生きる私たちは、あまりに物にこだわりすぎています。

「忘れられた心を大切にして生きよう」というアピールをよく見かけます。たしかにそれも大切なことですが、では「心とは一体なにか」と問われると、はたと困ってしまいます。

そこで、物と心とを別々に分けて論じるのではなく、まず、両者の関係がどうなっているかを考察してみましょう。

その手掛かりとして、唯識思想が説く「唯識無境《ゆいしきむきょう》」という考え——、すなわち、「唯だ識、すなわち心のみが存在し、境すなわち、物は存在しない」という考えを取りあげてみます。

この考えには、即座に反論が出るでしょう。

例えば、ここにボールという丸い球があるとします。それは、ここ眼の前にあって、視覚で丸いと知覚され、手で触って硬いと感覚されるから、観察する自分とは無関係に存在する「物」だ、存在しているではないか、という反論が出ます。

しかし、これも無反省な常識による、そして思い込みによる反論です。本当に「物」は、観察する「自分」とは無関係に、ひとり自分の外に存在するのでしょうか。

これに対して、二十世紀に入って発達した量子力学が、「そうではない」ということを立証しました。

まず、「存在」には、「顕れた層」と「隠れた層」とがあることを確認したい。例えば紙の表《おもて》は顕れた層、紙の裏は隠れた層です。この隠れた層（紙の裏）に観察の眼が及ぶと、存在の様相はまったく違ったものになります。

そのことを証明したのが、二十世紀に入って発達した量子力学なのです。

ハイゼンベルクの不確定性原理

科学者ハイゼンベルクの不確定性原理に注目してみましょう。この原理は、「電子の位置がわかると速度がわからなくなり、速度がわかると位置がわからなくなる」という原理です。

この電子の振る舞いは、存在の「顕れた層」であるマクロの世界では考えられないことです。

マクロの世界では、例えば、一つの球を転がすと、その速度や位置が観察され、何秒後にはどこそこの位置に移る……と予測することができます。しかし、電子に関しては、それが不可能である。なぜなら、位置と速度（運動量）とを同時に決定することは不可能だからです。

このように、量子力学の発達によって、ミクロの世界（＝存在の「隠れた層」）が解明されました。それによって、新しい事実——すなわち、私たち人間は「存在を観察している」のではなく、「存在に関与している」のであるという事実——が発見されたのです。

通常、私たちは、例えば、丸い球が自分の前にあったとき、それは「自分」という存在と無関係に、心の外に客観的な「物」としてそこに転がっていると思い込んでいました。ところが、そうではなく、「物」と「自分」とが、いわば「一つのセット」の中にあり、自分は存在の観察者ではなく関与者であるという事実が判明したのです。

仏教の原子論

この「存在への関与者」という量子力学の結果を唯識的に解釈するならば、「原子は阿頼耶識から生じた影像である」という考えをあげることができます。仏教は、科学と同じく、当初から原子論を展開してきました。

ギリシャにおいて、デモクリトスが、「物質は究極の元素であるアトム（atom 分割されないという意味）すなわち原子から構成されている」という考えをはじめて唱えたことは有名ですが、仏教においても、当初からそのような原子論が展開されていました。

仏教では、アトムすなわち原子にあたるものをパラマ・アヌ（parama-aṇu 最も小さいものという意味）といい、「極微《ごくみ》」と漢訳されます（以下、理解を容易にするために極微を原子と表現します）。そして、この原子と、そして原子から構成される物が、外界にあるという学派と、それを否定する学派との間で激しい論争が繰り広げられました。

詳しい論争の内容は割愛してその対立を簡潔にまとめますと、原子ないし物があると見る外界実在論を唱えた学派が、仏教外では勝論《かつろん》派であり、仏教内では毘婆沙《びばしゃ》師と経量《きょうりょう》部でした。

これに対して、外界には原子や物は存在しない……、すなわち唯識無境であると主張したのが唯識思想を唱えた瑜伽行派《ゆがぎょうは》です。

この唯識瑜伽行派の「唯識無境」、すなわち外界には原子も物も存在しないという主張は、ヨーガという実践を通して得られた体験、換言すれば、悟りの智慧に基づいているのですが、しかし外界実在論者からの反論に対しては、論理をもって対抗する必要がありました。

このような諸派からの批判を一つ一つ論理的に反証したのが、世親の『唯識二十論』です。この書において、世親は現代の科学的ないし哲学的観点からも十分に納得できる論証を展開していますので、興味のある方はぜひ現代語訳などを参照されて一読されることをお勧めします。

とにかく、前に「木」とは各人の心の中の影像であることを確認しましたが（177ページ参照）、それと同じく、各人にとっての「原子」も、また心の中の影像です。「物」として、大は宇宙から、そして自然や事物から、小としては分子・原子・素粒子に至るまで、これらすべては、各人の、一人一宇宙の世界、人々唯識の世界の中にある「影像」としての存在です。これは外界実在論者である科学者でも認めざるをえない事実です。

唯識思想では、「心内の影像を、心外の実境と考えるところに迷いと苦しみとが生じる」

と強調します。個々人の中の影像が外界に実在する、と考えるところに大きな根本的問題があるのです。

「物」とはなにか。私たちは普通、自分の外に、原子・分子から構成される物（例えば、お金、テレビ、冷蔵庫、クーラーなどの「物」）がある、あるいは山や川といった「自然」が存在すると考えています。もちろんそのように考えるだけだったら問題はありません。

ところが、人間は、それらの「物」に執着し、それらを追い求める飽くことなき物欲をもった社会を築き、文明を築いています。あるいは「自然」さえも、人間によって支配すべきものであると考えて破壊しています。こうした弊害をなくすためには、まずは（最後までそうですが）、「物は心の中の影像である」という事実を、換言すれば、「事物や自然は各人の心の外にある冷たい存在ではなく、各人の心の中にあり、心が関与している暖かい存在である」という事実を、一人ひとりがしっかりと確認することが必要である、と私は強く訴えたいのです。

タバコポイ捨て撲滅の会

私が勤めてきた立教大学で、有志の学生と「タバコポイ捨て撲滅の会」という会をつくって昼休みに構内をまわって地面に捨てられた吸い殻を拾うという運動を長く行ってきました。驚くことに、三十分ぐらいで、なんと数百本の吸い殻を拾う日もありました。大学だけではありません。町や都会の中でもこれは大きな問題となっています。まさに現代の人心の荒廃の一つの膿が出ているといえるでしょう。

構内で吸い殻を拾っているある日、学生たちに「タバコの吸い殻が実は各人の心の中にあるのだから、吸い殻を除去して構内をきれいにすることは、各人の心の中をきれいにすることである」と語ったところ、それ以来、彼らは一層吸い殻拾いに精を出すようになりました。

みんなが共有している構内がきれいになる。それは人のためでもありますが、それが同時に自分のためでもあるという事実を知って、彼らの生き方が変わったのです。

禅のお寺、特に雲水が修行する専門道場では、床はピカピカにみがかれ、庭は掃き清められ、どこに行ってもきれいな環境になっています。これも心の浄化を目指す修行の一つの現れであるといってもよいでしょう。

第十章　町の中に生きる（入鄽垂手《にってんすいしゅ》）

第十図

「入鄽垂手《につてんすいしゆ》」

牧人はふたたび人間の世界に立ち帰りました。人びとが行き交う町の中に入った彼は、一人の迷える童子《わらべ》に手を差し伸べています。

第十図「入鄽垂手《にってんすいしゅ》」における問い

人が行き交う町の中で
生きるとはなにか。

無知なる童子、迷える凡夫

人生を山登りに喩えるならば、牧人は、とうとう頂上にたどり着きました。「他者救済」という最終目的地に到着しました。ここで、牧人は、笑《え》みをたたえた布袋《ほてい》さんのような姿に一変しました。

何も語らない、しかし、いつも笑みをたたえ、全身から慈しみの香りがただよい、側にいるだけで幸福感にひたることができる……、そのような人が、世の中にはいます。

第十図「入鄽垂手」の牧人は、〝そのような人〟になったのです。

彼は、顔に笑みを浮かべ、手には中にお酒でも入っているのでしょうか、瓢簞《ひょうたん》をたずさえ、人びとが行き交う町の中で、他者救済の実践行に専念しているのです。

図では、一人の童子《わらべ》と向かい合っています。

ここでまず、自分を童子に見立て、童子に注目してみましょう。童子というのは子どものことですが、実際は子どもではありません。「迷える人、凡夫」を意味しています。凡夫に当たるサンスクリット語のバーラ（bāla）は、もともとは幼子の意味ですが、幼子は、なにも知っていない、無知であることが、迷える人と同じであることから、凡夫をも意味するようになったのです。

私たちが「凡夫である」、すなわち「無知なる存在である」ことは、「尋牛」の冒頭で確認しました。

私たち凡夫は、無知の故に「偽りの自分」を〝自分〟と思い込み、その〝自分〟を中心にすえて判断し行動します。あるいは、その〝自分〟と〝他者〟とを区別し比較して、我他彼此と生きます。そこにさまざまな苦が生じてきます。

苦しい、もうこの自分ではどうしようもない、と思ったら、布袋さんのような牧人を求めて町中に飛び出してみてはどうでしょうか。

思い切って環境を変えてみることです。

すると思いがけず、布袋さんのような〝救い人〟に出会うかもしれません。その人の温かいまなざし一つで、あるいは、一言で、「自分」の中に眠る、深層の阿頼耶識に潜む種子が芽を吹くようになるかもしれません。

前述した（76ページ参照）万寿寺の住職さんは、若いときの私にとっての布袋さんだったのではないでしょうか。事実、その住職さんは、いつも笑顔を絶やさず、眼が大きいことからみんなから「金魚の坊さん」と呼ばれて親しまれていました。

救い主は、優しいだけではありません。

二十歳《はたち》過ぎ、私が自分のことで苦しんで、鎌倉の円覚寺に飛び込み、はじめて坐禅をしたときに、警策《きょうさく》をもってまわる雲水が、坐っている私たちに、

「坐禅とは、ただ無心になってぼーっと坐っていることではないぞ。地球の裏のブラジルで線香の灰がぽつりと落ちても、びくっとするほどに広大な心で坐るのだぞ」

と一喝してくださいました。

「えーっ、坐禅すれば、地球の裏側の線香の灰が落ちる音までも聞こえようになるのだ、なんと坐禅するとは素晴らしいことか」と感動し、一層、坐禅に情熱を燃やすようになったことが、いま懐かしく思い出されます。

あのとき指導していただいた恐い雲水も、大人になった私にとっての布袋さんだったのです。

一喝の有り難さ

もう一つ、一喝された私の体験を紹介させていただきたい。

縁あって、学生時代、鹿島神流・第十八代師範・国井善弥《くにいぜんや》先生のもとで武道の練習に励

みました。道場は当時、東京北区の滝野川にあり、大学の授業の合間をぬってよく道場に通いました。先生は「昭和の武蔵」と称せられた真の武術家で、道場も日本一の荒道場といわれ、その練習も厳しいものでした。

入門してから数年たったある日、一緒に入門した大学の友人と二人で柔術を教えていただいていたときのことです。私が友人の突いてくる腕をさばくのですが、何度やっても先生は駄目だと首を横にふられる。そのうち業を煮やされたのでしょうか、「お前たちはもう破門だ、出ていけ」と怒鳴られて二階に上がってしまわれたのです。

友人と二人、帰るにも帰れず、正座して待つことにしました。すると三十分ほどたった頃でしょうか、先生は降りてこられ、「もう一度やってみろ」と言われたので、突いてくる腕を無心だったのでしょうか、さっとさばくと、先生は「そうだ、それでよい」と今度はにっこり笑われて認めてくださいました。私は、それまでは、前に突いてくる相手の腕を両手で〝つかんで〟受けていたのですが、今度は、つかむことなく〝上下に押さえて〟受けたのです。先生は、はじめからそうせよと口で教えてくださらず、身をもって覚えろということを「破門だ！」という一喝で教えてくださったのです。私にとって忘れられない有り難い思い出です。国井先生も私にとって恐いけれども温かい布袋さんでした。

菩薩として生きる

これまで、第十図の牧人を布袋さんのような人と形容しましたが、正式には、牧人は菩《ぼ》薩《さつ》である、というべきです。

ここで、仏教の中で、重要な術語である「菩薩」についてしばらく説明してみます。

菩薩といえば、観音菩薩、文殊菩薩、勢至菩薩などの菩薩が有名ですが、もともとは、修行時代の釈尊を呼ぶ名称でした。ジャータカ（本生話《ほんじょう》）という仏教説話文学の中で、覚者（仏陀）になる前に、それはそれは長い期間、釈尊は、ときには人間、ときには動物として生まれ変わり、死に変わりしつつ、無量無数の苦しむ生きものたちを救いつづけてこられたという物語が語られています。もちろんこれは仏教を宣揚するために、後世作られた物語ですが、人間いかに生きるかが、力強く、美しく語られているのです。

「釈尊が菩薩時代に人びとに与えた血液は四大海の水の量よりも多く、施した骨の量を積めば、スメール山よりも高くなる」

という文章を読むたびに、感動の念を禁じえないのは、私一人ではないでしょう。

人間の理想的な生き方が、釈尊のこのような菩薩時代の生き方に集約されているといっても過言ではありません。

その後、菩薩という概念は、広く人間すべてにあてはめることができる言葉となりました。そして、大乗仏教、特に唯識思想に至って、人間の生きるべき道として「菩薩道」が、人間の生きる生き方として「菩薩行」が強く説かれるようになりました。

「菩薩」という言葉ですが、原語はボーディ・サットヴァ（bodhi-sattva）といい、「菩提《ぼだい》薩埵《さった》」と音訳されますが、縮めて菩薩といいます。菩提とは悟りを、薩埵とは人を意味しますから、菩薩とは「悟りを求める人」をいうのです。

でも悟りを求めるだけではありません。詳しくいえば、菩薩とは、「上求菩提《じょうぐぼだい》」（上には菩提を求める）と「下化衆生《げけしゅじょう》」（下には衆生を化度《けど》する）という二大誓願をもって生きる人間のことを指します。

「上求菩提」とは、菩提を求める生き方を実践する人、「下化衆生」は生きとし生けるものを救済（化度）しようとする生き方を実践する人のことです。前者は智慧を得ようという願いに基づく生き方であり、後者は慈悲を実践しようとする願いに基づいた生き方です。

智慧と慈悲、この二つこそが人間の素晴らしさ、尊厳性を表した語です。

「十牛図」の牧人も、菩薩となって、自分とは何者か、生死とはなにかについて、広く知ろうと牛探しの旅に出かけました。もちろん牧人の中には、苦しむ人びとを救うという目的が頭の中にありました。この「智慧を求める願い」と「慈悲を展開する願い」との二つが推進力となって、牧人は「新しい自分」を、そして「真の自分」を発見し、最終的には「ゼロの自分」になり、そのゼロの自分となった智慧に裏付けされた慈悲行を展開するに至ったのです。

菩薩といえば、前述したように、観音菩薩、文殊菩薩、勢至菩薩など、いろいろな菩薩がいますが、私はそれらの中で「大悲《だいひ》闡提《せんだい》の菩薩」という菩薩の名を聞くたびに、えもいわれぬ感動と尊敬の念が湧いてきます。闡提とは正しくは一闡提といい、欲する、願うという意味のイッチャーンチカ（icchāntika）というサンスクリット語の音写で、大悲闡提の菩薩とは、自分は決して涅槃に入ることは欲しない、生死の世界を生きつづけたい、そして苦しむ人びとを救いつづけたいと願う人のことです。

幸福とは、自分を勘定に入れずに生きる

人間の幸福とはなにか。

私は、このような願いをもって生きる菩薩の生き方の中に、人間の普遍的な幸福があると最近強く思うようになりました。

若者たちに、どのようなときに幸せを感じるか、と尋ねると、「好きな音楽を聴いているとき」「スポーツをしているとき」「友人たちと語り合っているとき」などと答えます。

もちろんこれらは幸福感であるといってもよいでしょう。しかし、このような幸せには、必ず幸せと感じる〝自分〟が存在します。しかし、すでに、幾度も確認してきましたが、そのような〝自分〟は思い込まれた自分であり、実体として存在するものではありません。そのような〝自分〟を消し去ったとき、どのような幸福が顕れてくるでしょうか。

そのような幸福は、前述したあの大悲闡提の菩薩の生き方の中にあるといえるのではないでしょうか。

また、あの「雨ニモマケズ」の詩にもどってみましょう。

雨ニモマケズ
風ニモマケズ
雪ニモ

夏ノ暑サニモマケヌ
丈夫ナカラダヲモチ
慾ハナク
決シテ瞋《いか》ラズ
イツモシヅカニワラツテヰル
一日ニ玄米四合ト
味噌ト少シノ野菜ヲタベ
アラユルコトヲ
ジブンヲカンジヨウニ入レズニ
ヨクミキヽシワカリ
ソシテワスレズ
（中略）
サウイフモノニ
ワタシハナリタイ

この中の「アラユルコトヲ　ジブンヲカンジヨウニ入レズニ　ヨクミキ、シワカリ　ソシテワスレズ」という箇所を読むたびに、私はもう涙が出るほどに感動を覚えます。すべてのことに対して、自分を勘定に入れずに見聞覚知する。もしこれができたら、これもまた素晴らしい理想的な生き方です。

しかし、私たちの現実の生活は、これとはまったく逆です。例えば絵画展を見に行く。このピカソの絵は私にはわからない、むしろセザンヌの絵の方が私は好きだ、と言う。また、相手からなにか非難めいたことを言われると、むかっと怒る。……このように、なにを見ても聞いても、そこに〝自分〟といういわば反響板がはたらいているのです。だから、そのような〝自分〟を中心とした世界に生きる限り、決して真の幸福はありえないのではないでしょうか。

自分を勘定に入れずに生きる人、それが菩薩であり、その典型が大悲闡提の菩薩です。実際に大悲を抱いて生きることができなくても、少なくとも「サウイフモノニ　ワタシハナリタイ」という賢治に負けずに、私たちも菩薩になろうという誓願を起こそうではありませんか。

そのように決意して、そして、

「自分などどうでもいい！」

と言いつつ、ときには叫びながら、無理をしてでもいい、人びとのために一日を、一週間を生きてみましょう。その叫び、その行為は、心の底に潜む素晴らしい種子にとっての水や肥料となり、それは生育していきます。

ロウソクのごとくに燃えながら生きよう

私は最近、人間の生き方をロウソクが燃える状態に喩えています。太いロウソクに火を点《つ》けると、それは光と暖かさとを周囲に発散します。

太いロウソクの本体が「エゴ心」の喩えです。

人間はなかなか自我への執着をなくすことはできません。火が点いていないロウソクのようなものです。しかしそれにマッチで点火してみましょう。すると明るい光と暖かさが発せられます。光が智慧です。暖かさが慈悲です。

このように「エゴ心」を燃やしながら、智慧を発し、慈悲行を展開しつつ生きていき、そしてロウソクの本体が徐々になくなっていくように、エゴ心を滅していきながら、ロウソクが燃え尽きてなくなるように、人生の終わりを迎え、そして「ではさようなら」とさっぱりと死んでいく。もしこのように生きられれば、なんと幸せで素晴らしい生き方ではないでしょうか。

ロウソクの本体が燃えるということは、エゴ心がなくなり、身心がさっぱり、すっきり、さわやかになっていくことです。「自分などどうでもいい」という誓願のもと、例えば、人のために〝なりきり、なりきって〟生きていく、その表層のありようは、必ず自己の深層を浄化していきます。

なりきって生きるとき、そのありようを無分別智といいます。そしてそれを火に喩えて無分別智の火といいますが、その火は、必ず深層の心の汚れを焼きつづけ、心をどんどんと清らかに爽快にしていきます。

白隠禅師の『坐《ざ》禅《ぜん》和《わ》讃《さん》』の中に「一坐の功《こう》を為す人は積し無量の罪ほろぶ」という言葉があります。わずか三十分、息になりきって坐るだけでも、心の中の無量の汚れがなくなっていくというのです。

坐禅だけではありません。

日常生活の中で、例えばお年寄りが重たい荷物を持って歩いている。さあ、どうぞ、と無心に無私に手を差し伸べる、その行為が、気がついてみたら自己を深層から浄化して、自由に爽快になっていくのです。

自己を放棄して他者のために生きる生き方、すなわち菩薩として生きるところに、真の幸福があると、私は最近強く確信するようになりました。

「ロウソクのごとくに燃えながら燃え尽きて生きよう」と他人に言いつづけて、また自分にも言い聞かせて、怠惰な身に鞭打って勇気をふるいおこすことにしています。

おわりに

自分が変われば世界が変わる。本当にそうです。このことについて私の若いときの経験を紹介させていただきます。

第十章でも述べましたが、私は二十歳の頃、自分の問題で悩み、鎌倉の円覚寺に禅を求めて飛び込み、居士林《こじりん》という在家専門の道場で一週間ほど過ごしました。とにかく悩みが極度に達していましたので、救われたくて、指導僧の「無になりきれ、寝ても覚めても、なにをしていても、無、無と念じていけ」という言葉に素直にしたがい、頑張りました。

そして、一週間が過ぎ、東京に帰る横須賀線の車内のことです。まわりの風景が、来るときの風景とまったく異なり、美しく輝いていたのです。そのときから私は、「自分が変われば世界が変わる」と考えるようになりました。

あれから五十年近くの歳月が過ぎました。その間に、世の中も大きく変わりました。でも、よい方向に変わったのであればいいのですが、逆に、日本の中で、そして世界的規模で、多くの憂慮すべき問題が噴出しています。それら諸問題については本文で言及しましたので、ここでは割愛しますが、それらの問題は、つきつめれば、「人心の荒廃」に原因があるといえるでしょう。

私は、いま、人心の荒廃、といいましたが、それだけで片付けてしまってはなりません。その荒廃を、この「私」という、「自分」という「一人一宇宙」の心の荒廃と受けとめて、自分をどう変えるべきかを考えなければなりません。

私は、「自分とは一体なにか」「自分はいかに生きるべきか」という人生の二大問題を考えるとき、この「十牛図」を人生の指南図とし、多くのことを学びとってきました。そしてそれにしたがって、自分を変えようと努力精進してきました。

本書を読まれた読者の方々の中で、「十牛図」の牧人のように自分を変えてみよう、そして、できれば、荒廃した世を変えていこうと決意された方が、一人でも二人でもおられたら、これ以上の喜びはありません。

最後になりましたが、本書の出版にあたり、幾度もお会いしてご助言をいただいた幻冬舎・編集部の袖山満一子さんに心から感謝の意を表します。

二〇〇八年　三月

横山紘一

著者略歴

横山紘一《よこやまこういつ》

一九四〇年、福岡市生まれ。
仏教学者。
東京大学農学部水産学科卒業後、文学部印度哲学科へ転部、
東京大学大学院印度哲学博士課程修了。
東京大学文学部助手、文化庁宗務課専門職、
立教大学文学部教授を経て、
現在は、立教大学名誉教授、正眼短期大学副学長。
大乗仏教・第二期の「唯識」思想を研究。
趣味は武道(鹿島神流師範)。
著書に『十牛図・自己発見への旅』『唯識とは何か』(ともに春秋社)、
『唯識という生き方』(大法輪閣)、
『やさしい唯識』(NHK出版)他多数。

幻冬舎新書 078

十牛図入門

「新しい自分」への道

二〇〇八年三月三十日 第一刷発行
二〇一七年八月 五 日 第四刷発行

著者 横山紘一

発行人 見城 徹
編集人 志儀保博
発行所 株式会社 幻冬舎
〒一五一-〇〇五一 東京都渋谷区千駄ヶ谷四-九-七
電話 〇三-五四一一-六二一一(編集)
〇三-五四一一-六二二二(営業)
振替 〇〇一二〇-八-七六七六四三
ブックデザイン 鈴木成一デザイン室
印刷・製本所 中央精版印刷株式会社

Printed in Japan ISBN978-4-344-98077-8 C0295
よ-2-1
幻冬舎ホームページアドレス http://www.gentosha.co.jp/
*この本に関するご意見・ご感想をメールでお寄せいただく場合は、comment@gentosha.co.jpまで。

幻冬舎新書

浅羽通明
右翼と左翼

右翼も左翼もない時代。だが、依然「右―左」のレッテルは貼られる。右とは何か？　左とは？　その定義、世界史的誕生から日本の「右―左」の特殊性、現代の問題点までを解明した画期的な一冊。

小浜逸郎
死にたくないが、生きたくもない。

死ぬまであと二十年。僕ら団塊の世代を早く「老人」と認めてくれ――「生涯現役」「アンチエイジング」など「老い」をめぐる時代の空気への違和感を吐露しつつ問う、枯れるように死んでいくための哲学。

島田裕巳
日本の10大新宗教

創価学会だけではない日本の新宗教。が、そもそもいつどう成立したか。代表的教団の教祖誕生から社会問題化した事件までを繙きながら、日本人の精神と宗教観を浮かび上がらせた画期的な書。

荒岱介
新左翼とは何だったのか

なぜ社会変革の理想に燃えた若者たちが、最終的に「内ゲバ」で百人をこえる仲間を殺すことになったのか?!　常に第一線の現場にいた者のみにしか書けない真実が明かされる。